도라 칼프의
모래놀이
융심리학적 치유법

Sandspiel
Seine therapeutische Wirkung auf die Psyche
Mit einem Nachwort von Martin Kalff
by Kalff, Dora M.

Kemnatenstr. 46, 80639 München, Germany
www.reinhardt-verlag.de

도라 칼프의 모래놀이

융심리학적 치유법

Dora M. Kalff 저 · **이보섭** 역

S A N D P L A Y

학지사

역자 서문

도라 칼프는 엠마 융과 카를 융에게 수련 받은 스위스의 융학파 분석가다. 또한 로웬펠드의 세계기법world Technique, 융심리학, 동양사상을 접목시킨 융심리학적 모래놀이의 창시자이기도 하다. 이 책은 도라 칼프가 남긴 유일한 저서로 모래놀이의 기본원리와 근본정신이 사례를 통해 생생하게 나타나 있다. 딱딱한 이론서라기보다는 저자의 인격을 느낄 수 있는데, 도라 칼프의 창의적이고 독특한 치료방식을 현장감 있게 체험하게 하는 매력적인 책이다. 또한 글로는 쉽게 전달하기 힘든, 치료현장의 신비로운 순간으로 독자들을 초대하여 다양한 영감을 선사하는 매우 가치 있는 자료이기도 하다.

도라 칼프는 제자들과 정기적으로 연구 모임을 갖다가 1985년 국제모래놀이학회를 만들었다. 그래서 이 책은 모래놀이 분야의 입문서로서, 필독하고 여러 번 정독하여야 할 주요 기본도서로 국제적으로 널리 알려져 있다. 나는 2001년 우리나라로 돌아와 스위스 융연구소에서 모래놀이치료 수련을 받은 최초의 융학파 분석가로 모래놀이를 적용한 치료활동을 시작하였다. 이때까지만 해도 이 책의 존재와 융심리학적 모래놀이는 우리나라에 잘 알려져 있지 않았다. 그래서 연구소, 학회 및 상담센터, 대학 등에서 강의하면서 이 책을 소개하고 교재로도 사용하였다. 그러면서 곧 이 책의 번역본의 필요성을 깨달았지만 출간을 위한 여건이 마련되지 않았다. 그러다가 학생들의 요청이 점점 많아지면서 내가 독일문화권에서 장기간 생활하고 융심리학도 잘 이해하고 있다는 점 때문에 역자로서 적임자라는 추천을 받게 되었다. 그렇게 번역을 시작하여 이제라도 완역하여 한국어판을 낼 수 있어서 매우 기쁘다.

내가 이 책을 처음으로 진지한 관심과 절실한 필요로 탐독하게 된 것은 스위스에서 1993년에 시작된 분석가 수련 중의 일이다. 어느 날 한 한국 소년이 내게 국제학교에서 겪는 극심한 적응문제를 의뢰하였다. 스위스 융연구소에 아동 및 청소년 분석가 과정을 창설했던 분석가이며 도라 칼프의 제자였던 브로헤는, 내가 스위스에서 융학파 사이코드라마 지도자 수련을 통해 이미 놀이치료 방법과 놀이 속에서 나타나는 상징에 대한 접근법을 터득하고 있다는 점을 고려하여 모래놀이를 권하고 개인 슈퍼비전으로 안내해 준 것이다. 성인 내담자들도 나의 분석실에 놓여 있는 모래상자와 피규어에 호기심을 갖고 놀이충동을 느끼게 되어 자연스럽게 자신의 꿈 분석작업과 병행하는 경우가 자주 있었다. 이때 이 책을 펼쳐 눈길 가는 대로 읽다 보면 우연히 당면한 상황에서 어떻게 모래놀이를 진행해야 할지 영감을 얻게 되는 경우가 많았다.

나는 퇴학 경고까지 받았던 그 한국 소년과 2년간 작업하면서 그가 외국에서 문화와 언어의 차이로 방황했지만 모래놀이를 통해 '자유롭고 보호된 공간' 을 발견하고, 점차 자신과 학교의 문제를 해결해 나가는 것을 지켜볼 수 있었다. 도라 칼프의 치료의 핵심인 '자유롭고 보호된 공간' 의 의미는 한 마디로 정의할 수 있는 간단한 개념이다. 그러나 긴 세월 동안 여러 번 정독하고, 그에 따라 모래놀이치료를 시행하고 시간을 두고 의미를 새기며 천천히 번역해 가면서, 나는 이 과정에서 말로 설명할 수 없는, 그 공간의 생성과정과 그 치유력을 점진적으로 깨닫는 기쁨을 누릴 수 있었다. 이 책을 통하여 독자들도 이 기쁨을 만끽하게 된다면 역자로서 큰 보람일 것이다.

이 책은 치유의 기능을 하는 동양과 서양의 만남의 장이기도 하다. 스위스에서 모래놀이치료를 공부할 당시 도라 칼프의 여러 다른 제자의 강의, 세미나와 그룹 슈퍼비전에 참가하면서 내게 큰 도움이 되었던 것은, 바로 이미 내게 친숙했던 융의 적극적 상상법과 융이 강조한 몸의 언어의 중요성이 접목된 융학파 사이코드라마의 기법들이다. 여기에 한국에서 시작하여 독일에서 철학을 공부하는 동안 새로운 시각으로 더 심화된 도(道), 선(禪), 주역에 대한 연구 경험이 큰 도움이 되었다. 나의 경험에 비추어 볼 때, 이러한 공부를 접해 본 사람이라면 자신의 경험을 칼프의 모래놀이로 들어가는 문으로 삼아도 좋을 것이다. 아직 이런 경험이 없다면 역으로, 칼프의 모래놀이를 통해서 융의 적극적 상상법을 자연스럽게 접할 수 있으며, 이러한 동양사상의 치유적 측면을 치료현장에서 깨달아 갈 수 있는 기회가 될 것이다(실제로 나는 칼프와 모래놀이 작업을 하다가 융심리학과 동양철학의 세계로 자연스럽게 입문했다는 스위스인들을 만나기도 하였다).

유럽에서 15년간 생활하는 동안 동양에 관심을 갖고 있는 서양인, 혹은 자신이 얼마나 동양적으로 사고하고 있는지 모르는 서양인을 책이나 실생활에서 마주할 때면 항상 나의 관심의 대상이 되고 오래된 친구같이 느껴졌다. 도라 칼프와 마찬가지로 그녀의 아들 마르틴 칼프도 이에 속한다. 그는 이 책 속에 도라 칼프의 생애와 모래놀이 탄생 배경에 관한 글을 실어서 책의 가치를 한 단계 높였다. 마르틴 칼프는 세계모래놀이치료학회의 창단 멤버이자 수련지도자이며 불교학자, 명상지도자로서 현재 어머니에게 물려받은 치료실이 있는 500년 된 커다란 집에서 모래놀이를 실시하고 있으며, 동시에 불교센터도 운영하고 있다. 도라 칼프가 이 책에서 자신의 집을 묘사한 것처럼 그 집에 들어서는 순간 곧 무의식으로의 여행이 시작되는 느낌이었고, 마르틴 칼프와의 모래작업은 명상을 하는 듯한 시간이었다. 그와의 모래작업에서 나의 마지막 모래그림의 중앙에 그 집이 놓이게 될 만큼 내게는 중요한 상징적 의미가 있었던 공간이기도 하다.

이 책과 관련한 모래놀이 강의 중 2004년 발달지원학회에서의 강의가 기억난다. 도라 칼프의 생애를 소개하면서 나는 마치 그녀의 혼이 그곳에 와 있는 듯했다. 청중 역시 실제로 칼프를 만난 것처럼 생생하게 그녀의 삶과 모래놀이의 탄생과정을 느낄 수 있었다며 고마움을 전하기도 하였다. 이처럼 시 · 공간을 넘어 우리를 감동시키는 도라 칼프의 혼은 그녀의 파란만장한 삶의 소용돌이에서 자신의 주변에 흐르는 도의 흐름을 직관적으로 파악하여 삶에 반영하고 위기를 극복해 나가며, 새로운 삶의 장을 쉬지 않고 용기 있게 열어 간 창조적이고 자유로운 혼이었다. 그녀의 끝없는 호기심과 인간에 대한 사랑, 그리고 주변의 상황 변화를 민감하게 파악하여 이를 자신의 삶뿐 아니라 내담자에게 치유적으로 적용하는 능력을 볼 때, 우리는 그녀가 이미 도를 깨닫고 있다는 것을 알 수 있다. 도라 칼프는 치료자의 권위 뒤에 숨기보다는 내담자 하나하나를 진지한 관심과 사랑으로, 또한 완전히 그 장소와 시간에 깨어 있는 상태에서만 볼 수 있는 그들 안의 고유한 도를 발견하여 펼쳐 나가게 하기 위해서 여러 가지 파격적인 실험을 시도하였다. 이 책을 통해서 독자는 그 실험의 흔적을 상세히 따라가 볼 수 있을 것이다.

지난 10년간 우리나라에서 모래놀이에 대한 관심이 높아지고 많은 치료센터가 열리면서 모래치료 의뢰나 치료사 교육 및 임상감독 관련 일도 많아졌다. 이때 나는 가끔 도라 칼프의 생에 대해 이야기하는데, 그것만으로도 그들에게 치유의 힘으로 작용하였고, 깨달음과 용기를 줄 수 있었다. 치료자라는 지위가 오만과 독선에 빠지기 쉬운 만큼, 항상 겸손한 자세로 새로운 세계에 적극적으로 열려 있는 도라 칼프의 태도는 현재 우리에게 더욱 가치 있게 느껴진다. 이 책을 통해 우리나라에 이러한 그녀의 혼이 잘 퍼져 나갈 수 있기를 바란다. 내게 또 하나의 소원이 있다면 도라 칼프가 사랑하는 『도덕경』의 다음 구절과 관련된 것이다.

> "사람이 태어나면 부드러우며 약하고, 그가 죽으면 단단하고 강해진다……. 약한 것이 강한 것을 이기고, 부드러운 것이 단단한 것을 이긴다는 것은 세상 사람 모두 알고 있으나 아무도 이에 따라 행동하는 것을 이루지 못한다."

치료에 임하는 칼프의 이러한 '부드러우며 약한 태도'를 이 책을 통해 배우고, 모래놀이가 '이에 따라 행동하는 것'을 이루는 데 기여할 수 있기를 간절히 바란다.

특히 지난 몇 년간 외국에서 있었던 장기 불교 명상 수련과 해외 강

연으로 원고 마무리가 여러 번 중단되어 오래전부터 이 책의 출간을 애타게 기다려온 분들께 죄송한 마음을 전하고 싶다. 이제 마음의 짐을 벗고, 항상 문의 받아 온 모래놀이와 관련해서 읽을 수 있는 중요한 자료를 선사하게 되어 기쁘고, 더욱 편안한 마음으로 강의할 수 있게 되어 다행이다. 그간 인내심으로 기다려 주고 보다 나은 한국어본의 출간을 위해 친절한 협력을 아끼지 않은 학지사에 감사드린다.

2012년 1월

이보섭

한국어판 서문

– 마르틴 칼프[1]

지금까지 모래놀이에 대해 훌륭한 책과 글이 많이 쓰였다. 이 사실은 심층심리학에 기초를 둔 모래놀이 치유법에 대한 아주 생생한 관심을 구체적으로 보여 주는 것이다(1994년까지 발표된 많은 문헌의 목록이 Rie Rogers Mitchell과 S. Friedman의 저서 *Sandplay Past, Present and Future Routledge Verlag*에 들어 있다. 여기에는 모래놀이에 관한 풍부한 일본문헌들이 제외되었다).

그중 모래놀이 치료의 창시자인 도라 칼프의 책은 고전적 문헌이지만, 모래놀이 치료의 근원이 되는 사상을 파악하기 위해서는 모래놀

---

1 마르틴 칼프. Dr. phil. Martin Kalff, ISST (International Society for Sandplay Therapy)의 창단 멤버이자 교육위원. 불교학자이자 불교명상 지도자. 어머니인 도라 칼프의 저서가 한국어본으로 나오게 된 것을 매우 기뻐하며 역자의 요청에 흔쾌히 서문을 보내준 것에 대해 이 자리를 빌려 감사한다.

이 사례가 포함된 이 책을 읽는 것이 중요하다. 유감스럽게도 이 책은 아동과 젊은 성인의 놀이 사례에 대한 기술에 집중되어 있다. 그래서 높은 연령층의 성인과 그녀 사이의 작업에 관해서는 많이 알 수 없다.

도라 칼프는 성인사례를 수록한 책을 출판하려고 했으나, 결국 이루지 못했다. 그녀는 심중한 심리적 문제가 들어 있는 아주 인상적인 성인 사례를 세미나에서 발표했고, 이것으로 그녀가 아동뿐 아니라 성인들과도 작업했다는 것을 알 수 있다.

도라 칼프는 이 책의 입문에서 중국 철학자 주희의 태극도太極圖에 관해 이야기한다. 그녀는 이것이 융이 '자기'라고 부른 인격의 전체를 나타낸다고 보았다. 그녀가 태극도를 언급한 것은 동양철학과 종교에 대한 깊은 흥미가 있음을 보여 준다. 이 흥미는 그녀의 삶에서 중국의 철학자인 중우완창, 선사인 다이세츠 스즈키 그리고 달라이 라마와 만나게 하였다. 이러한 만남들과 동양철학에 대한 연구는 그녀가 모래놀이를 진행한 방식에 큰 영향을 주었다. 치료시간에 집중된 주의력을 발달시키는 것, 내적으로 완전히 그곳에 존재하는 것이 그녀에게는 중요하였다. 그녀에게 치료를 받았던 내담자들은 이러한 것들을 잘 느낄 수 있었다고 내게 전했다.

그녀가 중국의 태극도에 대해 언급한 가장 중요한 점은, 모래놀이 치료에서 아동과 성인이 자발적으로 만들어 낸 모래 위의 그림들이 서양과 마찬가지로 융이 말하는 전체성이 동양에서도 비슷한 방식으로 나타난다는 것을 보여 줄 수 있다고 그녀가 확신한다는 것이다.

융은 자신과 마찬가지로 내담자들에게 꿈과 창조적인 형성화 작업에서 체험한 경험을 언급하고자 할 때 '전체성Ganzheit'과 '자기Selbst'에 대해서 말했다. 이것은 자아의 체험세계를 초월하는 자신 안에 있는 중심과의 만남에 관한 것이다. 의미를 부여하거나 치유적인 체험이며 새로운 에너지가 생성되도록 한다. 이러한 체험이 하나의 그림 형태로 만들어지면 그것은 중심을 갖고 있는 4위성이나 하나의 중심이 있는 원을 강조하는 상징으로 표현한다. 융은 동양의 비슷한 입문 그림을 본받아서 '만다라' 라고 불렀다. 도라 칼프의 책에 그림 2, 4, 19가 중국의 태극도에서 드러난 전체성이 어떻게 모래놀이 과정에 표현될 수 있는지 보여 준다. 내담자는 자유로우면서 동시에 보호된 틀 안에서의 놀이활동으로 자신 안에 자신을 치유하는 차원과 만남을 촉진하는 것 같다.

나는 아동과 한 성인여성의 모래놀이 과정에서 내적 문제가 해결되는 중요한 순간을 표현한 자발적인 만다라의 몇몇 형상작업을 다람살라에서 온 티베트의 라마교 승려, 캄트룰 린포체Khamtrul Rinpoche에게 보여 줄 기회가 있었다. 그의 반응은 아주 인상적이었다. 그는 이 그림이 '불성佛性' 이 도처에서 작용한다는 증거라고 말했다.

'불성' 이라는 표현은 모든 존재 안에 처음부터 내재되어 있는 가능성에 관한 것이며, 이것이 성불成佛을 가능하게 한다. '불성' 이라는 개념은 융의 '자기' 라는 개념과 비교할 수 있다. 융에 의하면 '자기'는 최초부터 인간 안에 내재하고 삶 속에서 한걸음 한걸음 실현되려고 노력한다. 절대로 끝나지 않는 자기실현의 과정을 '개성화 과정' 이라고 표현한 융은 종교적인 상징이나 예수나 부처와 같은 인격체도 이 과정의 목표를 보여 준다고 했다. 이것은 그의 심리학적 관점에서 전체성의 상징 혹은 생생한 표현이다.

커다란 문화적 차이에도 불구하고 티베트의 라마교 승려가 이 모래그림에서 불성의 작용을 인식할 수 있다는 사실은, 동양과 서양 사이에도 다양한 방법으로 서로 만날 수 있는 인류 공통의 기초, 본질적인 기반을 줄 수 있다는 것을 말해 준다.

전체적이 되는 것Ganzwerdung의 중요한 측면은 내게 아직 알려지지 않은, 무의식적인 인격의 부분을 점진적으로 통합하는 것이다. 그것은 병을 일으키는 일방적인 발달이나 이전 경험에 고집스럽게 집착하는 것을 막고, 내적인 세계와 외적인 세계의 만남을 전개해 나가는, 앞으로 나아가는 학습과정을 포함하는 개방성의 발달을 추구하는 과정이다.

루이스 코졸리노Louis J. Cozolino는 그의 책 *The Neuroscience of Psychotherapy* (W.W. Norton & Company, New York, 2004)에서 외상trauma과 같은 결정적인 체험으로 여러 가지 뇌의 네트워크 연결에 장애가 일어날 수 있는데 이의 통합이 심리치료의 중요한 측면이라 주장하였다.

대뇌 신피질계, 변연계 그리고 뇌간의 '하향식 통합top-down integration'과 뇌의 좌반구와 우반구의 '좌-우 통합left-right integration'이 그의 주제다.

융이 자신의 개성화 심리학에서 발견한 통합적인 과정이 신경학적 차원에서 코졸리노가 말하는 뇌의 신경 네트워크의 통합에 상응한다는 것은 명백하다. 이와 마찬가지로 여러 가지 측면에서 언어적인 표현이나 느낌의 통합만 요구하는 것이 아니라 촉각적, 감각적 체험과 지성적인 차원을 연결시킬 수 있는 모래놀이가 코졸리노가 말하는 통합을 촉진하는 데 특히 적합하다는 사실을 시사하고 있다. 모래놀이가 뇌의 과정에 미치는 작용을 집중적으로 연구하는 것이 앞으로의 중요한 과제다.

이제 도라 칼프의 책이 한국에서도 비옥한 토지에 정착하기를 희망한다. 이 책이 모래놀이 치료방법에 토대를 둔 교육 분야에서 심리치료와 다른 사람을 돕는 일에 의미 있는 추진력이 되기 바란다. 또한 새로운 연구를 고무시키고, 여러 다른 문화에 속해 있는 인간이 의미 있게 만날 수 있는 바탕이 되기를 희망한다.

2010년 11월

마르틴 칼프

차 례

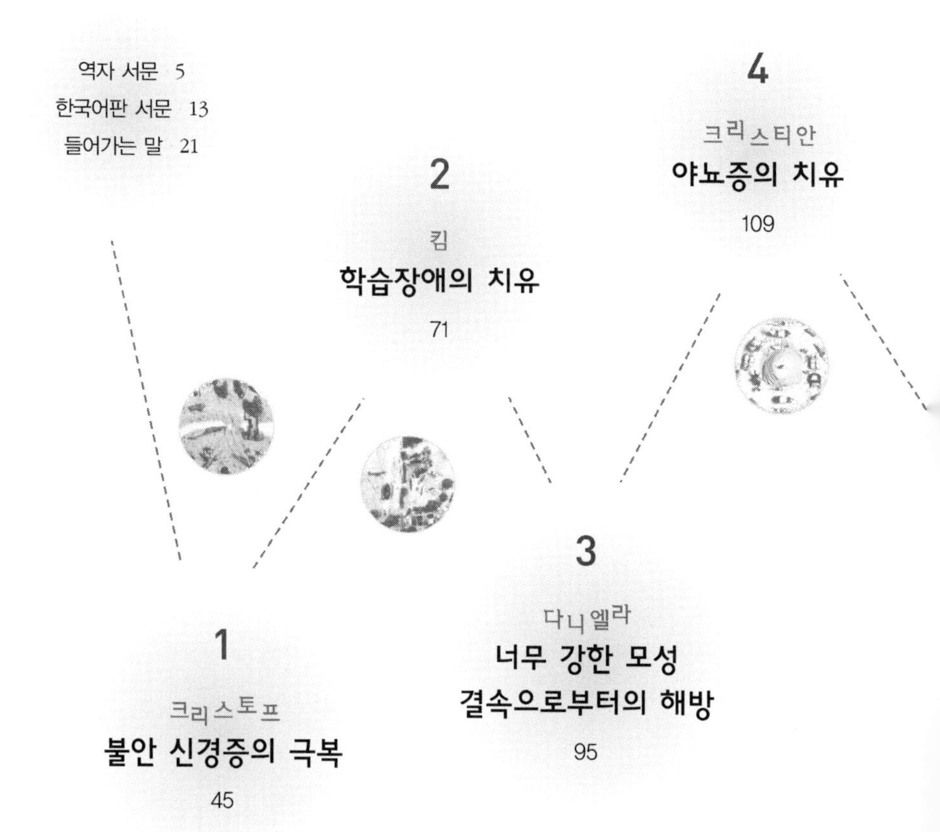

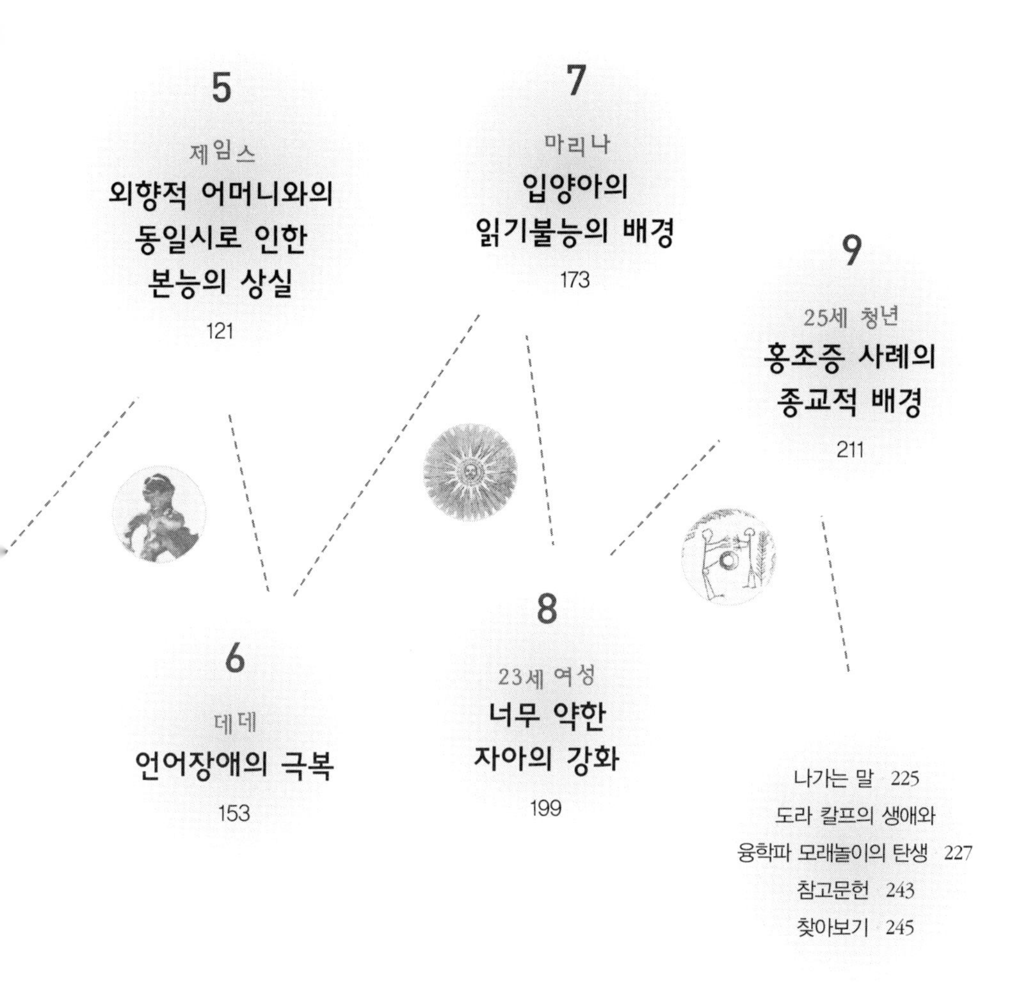

“나의 아들
페터 보두인과
마르틴 미하엘”

들어가는 말

아동 및 청소년과의 작업으로 나는 융C. G. Jung이 전체적 관점의 원칙하에 기술한 인격의 중심을 잡는 역동이 아동기에 보인다는 것을 확신하게 되었다. 이 인식을 몇몇 발달과정 사례를 통해 보여 주고자 하는데 여기에는 몇 가지 설명이 필요하다.

나의 관찰 결과는 **'자기'**가 심리적 발달과정을 태어날 때부터 지휘한다는 심리학적 체험과 일치한다. 융은 '의식과 무의식에 주어진 사실들의 총합'을 **'자기'**라고 이름 지었다.[1] 에리히 노이만Erich Neumann에 의하면 인간은 우선 어머니의 자기 속에 보호되어 있는 전체성의 상태로 태어난다.[2] 전형적인 '모성적인 것' —배고픔을 없애고, 추위로부

1 Jung, C. G. *Symbole der Wandlung*, Walter, 전집 5, 1973.
2 Neumann, E. *Das Kind*, Rhein-Verlag, Zürich, 1963.

터 보호 등—에 호소하는 신생아의 모든 요구사항을 육체적인 어머니가 들어주도록 되어 있다. 우리는 이 단계를 아이가 모성애로 당연히 느껴야 할 안전과 보호를 체험하는 어머니-아이 일체기라고 부른다.

1년 후 아이의 **자기**, 즉 전체성의 중심은 어머니의 **자기**에서 풀려난다. 아이는 보호감을 어머니와의 관계 속에서 점점 더 그녀의 애정표현으로써 체험하고, 이러한 보호감에서 신뢰관계가 자라난다.

여기서 자라나는 안정감이 2세 후반과 3세 전반(이 책에 표기된 나이는 모두 우리나라의 만 나이에 해당된다-역주)에 시작되며, 자기 중심이 아이의 무의식 속에서 굳건해지고 전체성의 상징을 통해 드러나기 시작하는 세 번째 시기의 기초가 된다.

성인이 의식적이든 무의식적이든 모든 시대와 모든 문화에 걸쳐서 자신의 전체성을 표현해 온 수단인 아주 오래된 상징언어로 아이는 놀이를 하고, 도형을 그리거나 그림을 그린다. 그 상징에 원과 사각형이 중요한 역할을 한다. 융은 대부분의 경우 원을 '완전성과 완전한 본질의 상징이고 하늘, 태양과 신의 가장 보편적인 표현이며, 인간과 영혼의 원상原像의 표현' (그림 1, 2, 3, 4)으로 이해한다. 나의 경험에 의하면 4위성은 이와 반대로 전체성이 준비될 때 나타난다. 나는 심리적 발달에서 숫자 4가 원의 상징(그림 5, 6, 7) 이전에 나타나거나 이와 결합하여 가시화되는 것을 관찰하였다.

▲ 그림 1
센게이(仙厓, Sengai)의 우주의 근본 형태(Urformen)로서의 원, 삼각형, 사각형.
『선의 세계 The World of Zen』, Ross, N. W. New York, 1960.

▲ 그림 2
만 열한 살 소년의 모래그림 〈모래 위의 원들〉

▲ 그림 3
신상(神像, Gottesbild)으로서의 태양 – 융의 『변환의 상징 Symbole der Wandlung』, Walter, 1973.

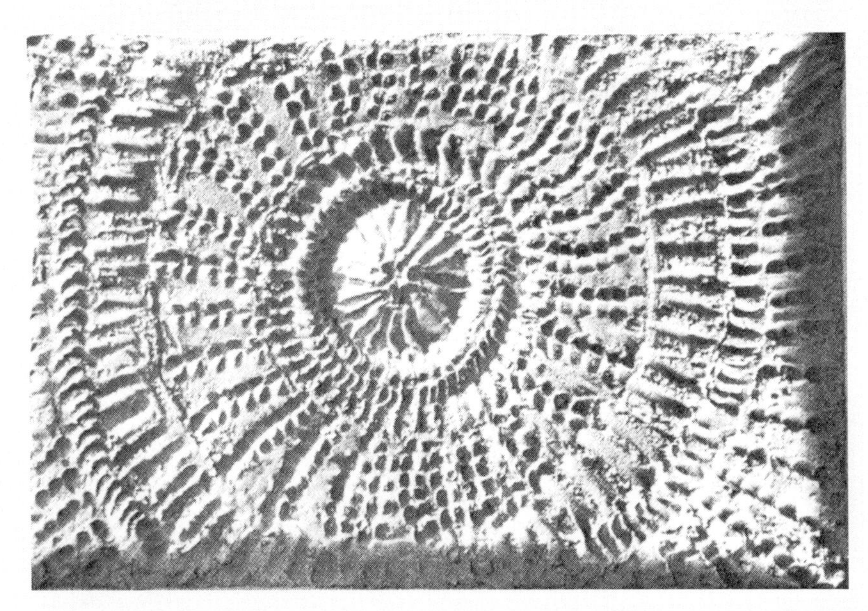

▲ 그림 4
만 열다섯 살 소년의 모래그림 〈태양〉

▲ 그림 5

하늘(원)과 땅(사각형)의 중국적 상징, 주나라[3]

3 Mackenzie, F. *Chinese Art*, Spring Books, London, 1961.

▲ 그림 6

만 세 살 아동의 그림(로다 켈로그 Rhoda Kellogg의 소장품, 샌프란시스코)

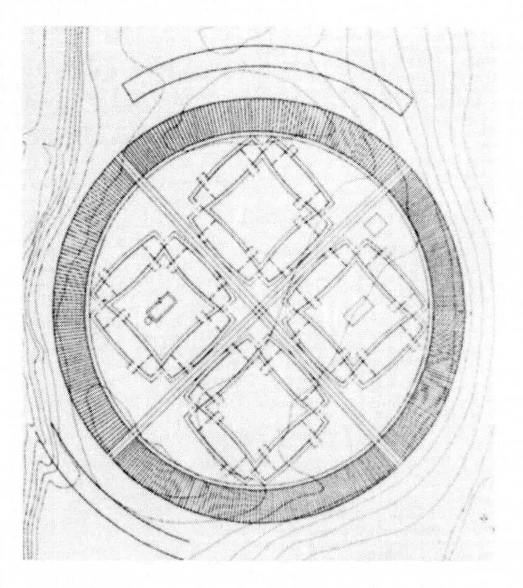

▲ 그림 7

덴마크의 바이킹 시대 주거지에서 발굴된 그림. 덴마크 국립박물관 출판물

나의 견해는 몇 년 전 샌프란시스코에서, 로다 켈로그Rhoda Kellog가 어린이집 원장으로 있으면서 수년간 수집한 2~4세 아이들의 핑거페인팅과 수천 장의 아동그림을 봄으로써 입증되었다. 그중 많은 부분이 잘 알려진 전체성의 상징을 보여 주고 있다.

그러나 스케치나 그림에만 이 상징들이 나타나는 것이 아니라 아이들의 표현법에도 나타난다. 어느날 만 세 살 된 아이가 내게 물었다. "지구가 공 모양이고 하느님이 모든 인간을 보고 있다고 하면 하느님은 둥근 모습인가요?" 그 아이는 그림을 그릴 때마다 위쪽에 푸른 줄 하나를 한쪽 끝에서 다른쪽 끝으로 그었다. 그 줄이 무엇을 뜻하는지 묻자 신이라고 대답하였다. 큰 원의 작은 부분인 이 줄이 그 아이의 상상을 말해 주었다.

그와 비슷한 또래의 다른 아이는 그랜드 피아노 위에 놓여 있던 주석으로 된 작은 피규어를 보고는 그것을 원형으로 배열해 놓고 잠시 방에서 나갔다가, 흰 사기로 된 작은 비둘기를 가지고 와서 그랜드 피아노 위에 놓인 사진 액자 뒤에 놓았다. 이 비둘기가 여기 숨어서 무엇을 하느냐고 물었더니, "우리도 하느님을 볼 수는 없다."라고 대답하였다.

이 말에서 우리는 상징의 신성한numinose 형체를 알 수 있다. 원은 단순히 기하학적인 형태가 아니라, 인간 안에 살아 있는 숨은 것을 볼 수 있게 하는 하나의 상징이다. 상징은 내면의 에너지가 담겨 있는 상과 가시화되면 항상 인간 발달에 다시금 영향을 주는 인간 존재의 성향을 대변한다. 그래서 신성하거나 종교적인 상징은 신격神格과의 관계를 성립시키는 내적이고 정신적인 질서에 대해서 말한다. 이 질서로 인간은 안정감을 느껴서 자신의 인격을 잘 발달시킬 수 있다.

자기의 현현을 인격 발달에서 가장 중요한 순간이라고 말하고 싶다.

심리치료 작업에서는 꿈의 상징으로서나 모래상자 속의 그림을 통해서 성공적으로 **자기**를 현현해야만 자아가 건강하게 발달할 수 있는 것으로 입증되었다. 이러한 **자기**의 현현이 인격의 발달과 견고함을 보장하는 듯하다.

나는 이와 반대로 약하고 신경증적인 자아-발달의 원인을 (상징을 통한) 자기의 현현이 모성적인 보호의 부족으로 이루어지지 않았거나, 최초의 가장 민감한 발달이 전쟁이나 병, 주변의 오해와 같은 외부의 영향 때문에 결정적으로 손상되었다는 가설을 주장하고 있다. 그래서 나는 치료에서 아동에게 **자유롭고 동시에 보호된 공간**을 우리의 관계 안에 만들어 내는 것을 과제로 삼았다.

치료 상황에서 이 자유로운 공간은, 치료자가 아동을 완전히 받아들임으로써 내적으로 그 안에서 일어나는 모든 것을 밀도 있게 아동 자신처럼 참여하면서 만들 수 있다. 아동이 자신이 위기에 처했을 때나 행복할 때 혼자가 아니라고 인식하면 자신을 표현할 때 자유롭고 보호되었다고 느낀다. 어머니-아이 일체감이라는 그 첫 시기의 상황을 경우에 따라서 다시 만들어 낼 수 있기 때문에 그러한 신뢰관계가 중요한 것이다. 이로써 지적이고 영적인 인격 발달을 위한 모든 동력의 씨앗이 되는 내적으로 안정된 심리상태를 만들어 낼 수 있다.

이 동력을 알아보고 소중한 보물을 지키는 사람처럼, 그 발달을 보호하는 것이 치유자의 과제다. '보호자'로서 치료자는 아동에게 공간과 자유, 그리고 동시에 한계를 의미한다. 그래서 개인적으로 측량된 한계는, 에너지의 전환이 경계가 없는 곳이 아니라 **각 개인의 한계 안에서**만 성공적으로 일어날 수 있기 때문에 중요하다.

17세기에 태어난 신비가이자 영혼의 치유자인 게하르트 테르스티겐Gerhard Tersteegen은 "영혼을 다루는 사람은 아이의 몸에 묶은 끈을 잡고 있는 베이비시터처럼 위험을 막고 넘어지지 않게 하는 것 외에는 자유롭게 걷도록 해야 한다."라는 원칙하에 행동하였다. 이 말은 영혼의 인도자를 위한 유일한 이론은 없고, 현명한 인도 아래 개성의 자유로운 발달을 돕기 위해서 개인별로 독특한 것을 인정하는 것이 좋다는 뜻이다.

치유자의 보호 안에서의 발달은 페스탈로치Pestalozzi가 『게르트루트는 아이들을 어떻게 교육하는가Wie Gertrud ihre kinder lehrt』[4]라는 글에서 목표로 설정해 놓은 것과 비교할 수 있다. 그 목표는 어머니의 진정한 사랑

---

4 Pestalozzi, J. H. *Wie Gertrud ihre Kinder lehrt, Rotaptel*, Gedenkausgabe: Schriften 1798-1804, 1946.

으로 인간은 내적인 일체감을 이룰 수 있고, 이를 통해서 신적인 것으로 들어가는 길을 발견할 수 있다는 것이다.

나의 경험에 의하면 건강한 자아는 아이가 보호감을 느끼는 것을 바탕으로 형성되기 때문에, 약한 자아의 경우에 정상적으로는 만 2~3세에 관찰되는 상징으로서의 자기현현이 일어나지 않았다고 가정할 수밖에 없다. 그러나 대부분의 경우 아동기에 방해받았던 상징적인 자기의 현현은 어느 정도까지는 각 삶의 단계에서 만회할 수 있다.

융은 '전체성을 의미하는 상징을 의사가 제대로 이해하는 것'이 얼마나 중요한지 지적하였다. "그것은 예로부터 인류에게 자유와 치유를 주는 것으로 체험된 정신과 태도를 의식에서 가져오는 것으로, 신경증적인 분열이 사라지게 하는 데 도움을 주는 수단이 된다. 그것은 예로부터 의식과 무의식 사이의 연결을 가능하게 한 집단적 표상 représentations collectives이다. 이 결합은 지적으로 이루어질 수 있는 것도 아니고 실제적으로 일어날 수 있는 것도 아니다. 전자의 경우에는 본능의 영역이 반발하고 후자의 경우에는 이성과 도덕이 방해한다. 심인성 신경증 영역에 속하는 모든 해리는 상징으로만 결합될 수 있는 모든 대극에 기인한다."[5]

이 점에 대해서 바흐오픈Bachofen도 말하고 있다. "여러 단계로 이

---

5 Jung, C. G. *Zur Psychologie westlicher und östlicher Religion*, Walter, 전집 11, 1963. p. 208.

해하고 스스로 활기를 불어넣어, 신체적 삶의 진리에서 더 높은 정신적 질서의 진리로 나아가게 하는 것이 상징의 높은 가치다."[6] 상징은 의식을 초월하는 내용의 상像을 육화가시화, 체현-역주한 것이며, 신이 부여한 우리 천성의 영원한 근거를 가리킨다. 상징을 이해하고 체험하면, 상징은 인간을 인간 존재의 본래적인 존엄성으로 이끌어 준다.

상징은 이제 로웬펠드의 세계기법World Technique에 기초하여 확장 발전시킨 모래놀이 치료에서도 중요한 역할을 한다. 나는 규격화된 크기57 × 72 × 7cm의 모래상자(이 치수는 상자내면의 크기임-역주)를 사용해서 놀이자의 상상 영역을 제한하는데, 안정감과 보호감을 주기 위해서다.

아동이 수백 개의 작은 피규어 중에서 선택한 피규어로 만든 3차원의 모래그림은 하나의 심리적인 상황으로 이해할 수 있다. 무의식적인 문제가 하나의 드라마처럼 모래상자에 상연되는 것이다. 갈등은 내부 세계에서 외부 세계로 옮겨지고 가시화된다. 이 상상놀이는 아동의 무의식의 역동에 영향을 주어서 그의 심리를 움직인다.

분석가는 모래그림의 모든 시리즈가 진행되는 동안 나타나는 상징을 해석하여 혼자 간직하고 있다. 그렇게 해서 얻어진 모래그림 속에 나타나는 문제들의 이해는 분석가와 아동 사이에 어떠한 신뢰 분

---

6 Bachofen, J. J. *Mutterrecht und Urreligion*, Kröner, Leipzig, 1926.

위기, 즉 치유적인 영향력을 발휘하는 어머니-아이 일체감을 만들어 낸다. 치료자의 통찰을 아동에게 말로 전달할 필요는 없다. 여기에서 중요한 것은 이미 언급한 **보호된 공간에서의 상징체험**이다.

필요한 경우에 치료자는 물론 아동이 쉽게 이해할 수 있는 방법으로 그의 외적인 삶의 상황과 관련지어 그림을 설명하면 된다. 이로써 드러난 그림을 통해 내적인 문제가 가시화되고 그렇게 해서 아동은 한걸음 더 앞으로 나아가게 된다.

그 외에도 그림의 세세한 부분과 구성으로 치료자는 치료방침을 세운다. 대개 첫 그림이 상황을 설명하고 있는데, 그 안에는 상징에 숨겨진 추구하는 목적, 즉 자기실현을 내포하고 있다. 그로 인해 건강한 자아-발달로 이끄는 새로운 에너지가 흐르게 된다.

이 에너지의 정상적인 발달은 여덟 살 소년이 만든 모래그림(그림 8) 안에 잘 표현되었다. 오른쪽 위는 양들과 함께 있는 목자로 육화되어 나타난 **자기**, 어둡고 낯선 힘모로코인은 질서정연하게 닫힌 공간—즉, 안정된 소년의 이미지—을 향해 나아간다. 방어하는 세력이 무장하고 있는데도 소년은 이렇게 말한다. "원래 그들에게 무기는 필요하지 않다." 그는 자신이 이 상황을 이겨낼 수 있다는 것을 예감하고 있다.

나의 체험은 에리히 노이만Erich Neumann이 다음과 같이 정의한 자아-발달단계이론[7]과 일치한다.

▲ 그림 8
만 여덟 살 소년의 모래그림

1. 동물적 · 식물적 단계
2. 투쟁단계
3. 집단에의 적응단계

자아는 우선 동물과 식물 위주의 그림으로 뚜렷이 나타난다. 다음 단계는 주로 사춘기에 항상 반복 등장하는 전쟁 이야기를 보여 준다. 그다음 소년은 강해져 외부의 영향에 맞서 싸우고 대면할 수 있게 된다. 마지막으로 하나의 인격으로 사회에 받아들여지고 구성원이 된다.

나는 중국의 사상세계를 연구하면서 우리가 앞에서 이해한 것과 동일하다고 볼 수 있는 도표를 접하게 되었다(그림 9).

---

7 Neumann, E. *Das Kind*, Rhein-Verlag, Zürich, 1963.

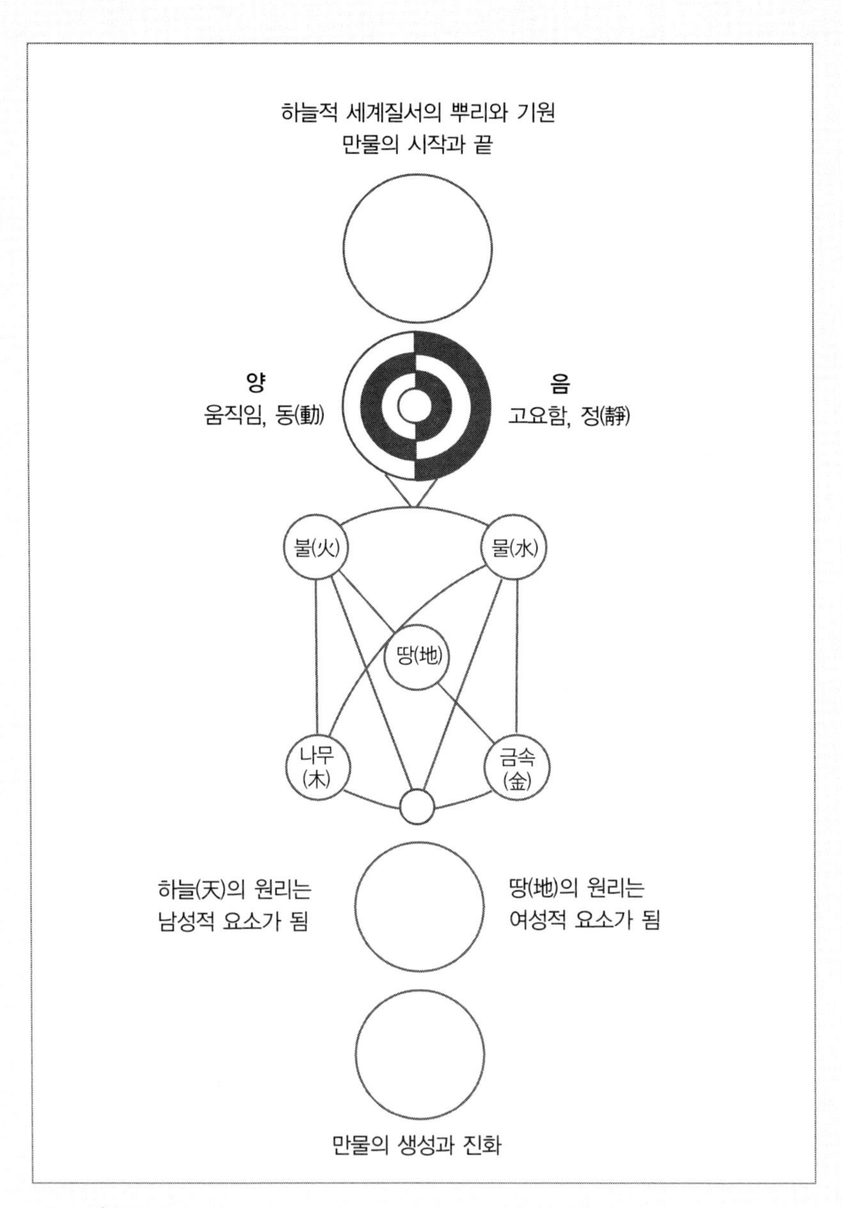
하늘적 세계질서의 뿌리와 기원
만물의 시작과 끝
양
움직임, 동(動)
음
고요함, 정(靜)
불(火)
물(水)
땅(地)
나무
(木)
금속
(金)
하늘(天)의 원리는
남성적 요소가 됨
땅(地)의 원리는
여성적 요소가 됨
만물의 생성과 진화

▲ 그림 9

태극도(太極圖)

1,000년경에 살았던 송나라의 철학자 주희의 태극도설해다. 여기서 만물의 최초 시작이 하나의 원 안에 그려져 있는데 내가 보기에는 태어날 때의 자기와 유사하다. 두 번째 원은 음과 양을 포함하여 그 안에서 서로 침투하는 움직임에서 원소가 발달된다. 나는 우리의 주제와 관련해서 이 원을 자기가 실현되는 것과 비교하고자 한다. 그것은 자아형성과 인격 발달에 대한 동력의 씨앗을 포함하고 있다(그림 10, 11). 이 배열konsiellation로부터 5원소가 펼쳐져 나가는 것처럼 인격도 자아가 중심에 두고 있는 점을 바탕으로 발달해 나간다. 나는 이 발달단계를 인생 전반부와 동일시한다. 우리의 전통에서도 숫자 5는 자연적 인간의 숫자(그림 12, 13)다. 인간은 이 그림 속에서 벌린 팔과 다리, 그리고 머리로 구성된 날개가 다섯 개인 별모양Pentagramm으로 대우주 속에 소우주로 보이고 있다.

따라서 세 번째 원은 **자기**가 인생 후반기에 개성화 과정에서 가시화되는 것과 비교될 수 있다. 네 번째 원은 시작에 대립하여 있는 끝, 즉 삶에서 죽음으로 가는 움직임의 종결로 본다. 이 도표가 근거를 두고 있는 변환의 법칙에 따르면, 죽음 속에—끝까지 살아 낸 심리적 상황을 제물로 바칠 때와 마찬가지로—새로운 삶의 씨앗이 들어 있다.

이 그림은 우리의 인생이 모든 전통을 넘어서 개인적 발달 근거라고 간주할 수 있는, 신체적이고 심리적인 흐름에 부합한다는 것을

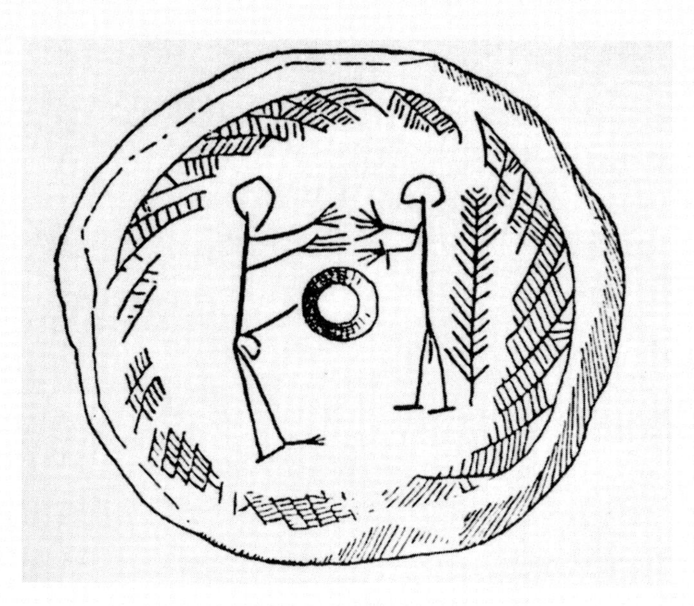

▲ 그림 10

덴마크에서 발견된 뼈 그림. 사랑하는 남자와 여자(페를레Fehrle에 의하면)

▲ 그림 11

열두 살 소녀의 석고 조각품. 다섯 개의 날이 있는 별 속에 〈춤추는 남자와 여자〉

▲ 그림 12

4요소에 둘러싸여, 지구 위에 서 있는 안트로포스(Anthropos)로서의 그리스도.
융의 『심리학과 연금술』, Walter, 1972.

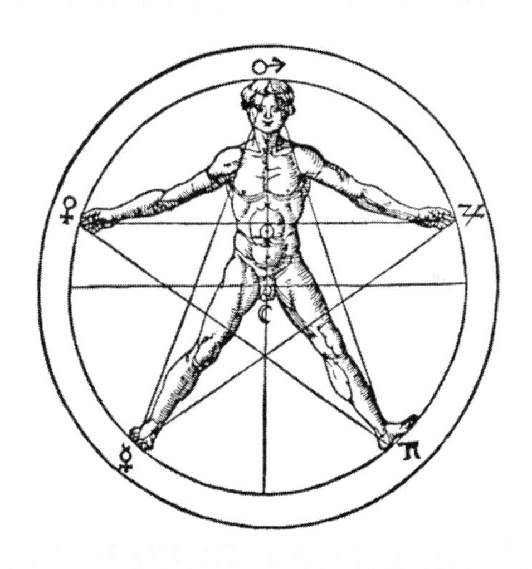

▲ 그림 13

네테스하임(Nettesheim, A. U.)의 소우주로서의 인간(펜타그람 Pentagramm: 역주–날이 다섯 개인 별 모양). 『상징사전 Dictionary of Symbols』, London, 1962.

보여 주고 있는 것 같다. 우리의 치유적 노력은 오직 이 관점에서만 아동이나 청소년에게 정당화할 수 있을 것이다.

나에게 의뢰된 아동들은 무엇보다 내적인 확신과 보호감이 부족해 고통받는다. 무엇인가가—그 원인이 집안의 어려움이든지 집밖에서 유래하든지 간에—내적인 균형에 필수적인 그들의 정상적인 발달을 방해하고 있었다.

그래서 나는 치료실을 치료가 이루어지고 있는 환경과 분위기로부터 분리하지 않는 것을 매우 중요시한다. 무거운 대문나의 집은 1485년에 지어졌다이 닫히면, 아이는 오래되고 멋진 벽난로가 커다랗게 자리를 차지하고 있으며 식탁이 놓여 있는 거실로 들어오게 된다. 몇 개의 붙박이 계단으로 쉽게 기어 올라올 수 있다. 우선 아이가 원하는 대로 하게 한다. 아이는 난롯가에 앉거나 누울 수 있고, 거기에서 거실이나 유리문을 통해 정원의 작은 분수에서 노는 새를 볼 수도 있다. 아이는 그림책이나 잡지를 들춰 보거나 읽을 수도 있다. 혹은 용기를 내어 오래된 집 특유의 이상한 느낌을 불러일으키는 많은 물건과 그림을 탐색하고 자세히 들여다볼 수 있다. 불규칙한 공간과 계단 모양은 아이에게 흥미를 불러일으키고 숨바꼭질을 하고 싶게 만든다. 보다 연령이 높은 아이들은 때로는 모험심이 발동해서 보물찾기를 하고 싶어 한다. 나는 이 모든 것의 가능성을 열어 두고 있다. 나는 자주 아이들을 지하실로 데려가 1m 두께의 벽이 지하로 가는 통로와 연결되어 있는지 탐색하게 한다. 혹은 우리의 탐험심을 자극하는 여러 중간층들로 구성된 아주 커다란 지붕 밑 다락방 창고로 간다. 그러면 아이는 이제까지는 잘할 수 없었던 자신 안에 숨어 있는 무엇인가를 찾게 된다.

이 집은 수백 년 전 바위 위에 지어졌으며, 방은 자나 컴퍼스로 재서 만든 것이 아니라 자연법칙에 의해 생긴 것 같이 자연적이고, 무엇보다 어린아이에게 어울리는 분위기 그 이상이다. 아이는 여기서 자신을 **완전히 받아들이고 인정하는** 세상이 눈앞에 펼쳐져 있는 것을 발견한다. 그래서 모래상자가 있는 놀이치료실로 들어갈 때는 여기서 내가 무엇을 찾아내고, 무엇을 **해야 하나** 하는 부담감 없이 편안한 마음의 상태가 된다.

모래놀이 치료실(그림 15b)에서는 많은 물건을 발견하게 된다. 물감, 찰흙, 모자이크 돌, 석고 그리고 사용할 수 있는 많은 것이 큰 탁자 위에 놓여 있다. 그 옆에 모래상자와 선반장 위에(그림 14) 납 등으로 만들어진 수백 개의 작은 피규어들이 놓여 있다. 오늘날의 여러 가지 직업이나 유형뿐 아니라 수백 년 전의 피규어들, 흑인, 싸우는 인디언 등의 인간, 야생동물, 가축, 다양한 건축양식의 집, 나무, 덤불, 꽃, 울타리, 교통신호, 자동차, 열차, 오래된 마차, 배 등 간단히 말하면 넓은 세상의 모든 물건과 아동의 상상 속에 등장하는 물건들이다.

▲ 그림 14
로웬펠드 식의 모래놀이를 위한 피규어들

▲ 그림 15a

〈추어 힌더 추어넨 Zur Hinder Zuenen〉 집으로 들어가는 문(역주-칼프의 집 대문)

▲ 그림 15b

정원이 내다보이는 모래놀이 치료실

그것들은 로웬펠드 박사가 런던에서 그녀의 '세계놀이'[8]를 위해 구성한 것들과 같다. 그녀는 완전히 아동의 세계에 들어갈 수 있었고, 천재적 영감으로 아동이 자신의 시야가 미치는 크기의 모래상자 위에 하나의 세상—즉, 자신의 세상—을 만드는 것을 가능하게 하였다. 아이는 많은 사물 중에 특히 자신의 마음에 드는, 자신에게 의미 있는 피규어를 고른다. 자신의 상황에서 보여지는 세상의 모습을 모래에 언덕, 터널 혹은 평야, 호수, 강으로 담아낸 후 그 속에서 체험하는 것처럼 피규어들이 움직이게 하였다.

따라서 아동은 피규어를 선택하고 사용하는 데 완전히 자유롭다. 그러나 진정한 자유가 항상 제한을 가정하듯이 사람에게 맞는 크기로 제작된 모래상자는 표현에 제한을 의미하고, 그 안에서 변환이 이루어지는 것이다. 아동은 아주 무의식적으로 **자유롭고 동시에 보호된 공간**이라고 내가 표현한 것을 체험하게 된다. 그 공간 안에서 몇몇 사례를 통해 내가 보여 주려고 한 일이 일어난다. 환자를 배려하기 위해 나의 사례보고에 일부러 누락시킨 내용들이 있는 것을 나는 물론 알고 있다.

---

8 Lowenfeld, M. *The non-verbal thinking of children and its place in Psychology*, Published by the Institute of child Psychology, London, 1964.

1

크리스토프

불안 신경증의 극복

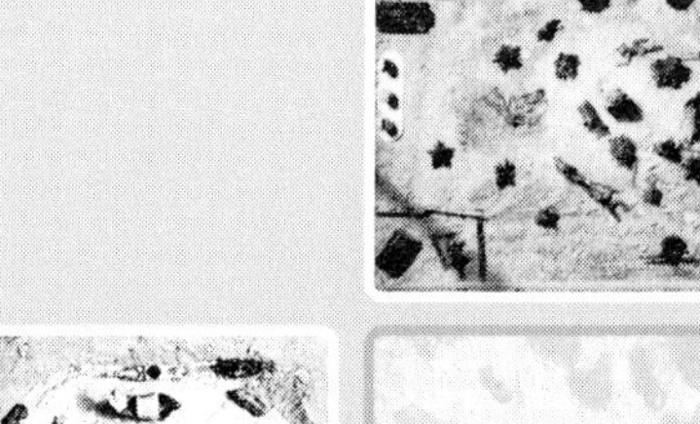

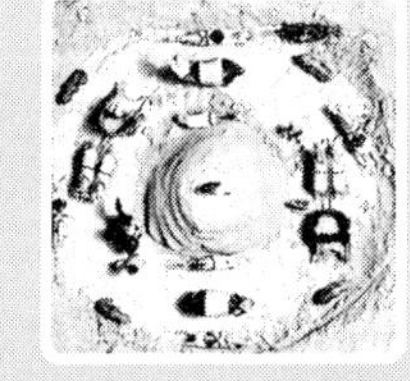

크리스토프
불안 신경증의 극복

키가 크고 농부같이 보이는 아버지의 손을 잡고 있는 아홉 살 된 크리스토프는 아주 여리고 겁먹은 듯한 인상이었다. 그래도 함께 놀이방으로 가자는 나의 요구에 따랐다. 그는 약간 망설였지만 호기심에 찬 듯 주변을 둘러보았다. 곱슬머리가 그의 창백하고 상당히 넓은 이마에 찰랑거렸다. 이 아이가 과연 시골 소년일까? 얼마간 그의 시선은 조금 떨어져 놓여 있던 딱총에 머물렀다. 내가 "가지고 놀고 싶니?"라고 물었다. 잠깐이기는 하나 그의 방어적인 행동에서 그것을 무서워하고 있다는 것을 알 수 있었다.

소년의 아버지에게서, 그가 자주 무단결석을 한 탓에 학교 당국이 소년을 심리학자에게 의뢰하도록 요청했다고 들었다. 크리스토프는 정확한 시간에 집을 나서고 학교가 끝나는 시간에 집으로 돌아왔다. 그래서 어머니는 처음에는 그가 학교에 결석하는 것을 몰랐다.

크리스토프는 부모와 두 살 아래의 남동생과 함께 좀 떨어진 시골 지역에 살았다. 그는 과일나무들이 있는 풀밭을 지나 마을학교를 오고 간다. 다른 아이들이 학교교실에 앉아 있는 동안 그는 무엇을 했을까? 아무도 알지 못했다.

그의 눈길이 모래상자로 향했다. "모래장난해 본 적 있니?" "예전에요. 그건 내 동생에게나 어울리지 난 모래장난 하기에는 나이가 든 걸요."라고 그가 말했다. "그렇지만 여기 있는 것과 같은 피규어를 가지고 모래놀이를 한 적은 없지 않니?" 나는 그에게 나의 수집물을 가리켰다.

그것이 그의 마음에 드는 것 같았다. 그는 재빨리 작업을 시작하였다. 중앙에 커다란 언덕을 만들고, 아주 조심스럽게 한쪽에서 다른 쪽으로 갈 수 있도록 터널을 만들었다. 그는 그 터널로 건너편이 보이자 만족해하였다. 그러고 나서 피규어가 있는 쪽으로 갔다. 작은 집을 마음에 들어하는 것 같았다. 그것을 왼쪽 아래 귀퉁이에 놓고 옆에 그네를 놓았다. 주변 전체를 둘러싸는 울타리를 만들었는데 입구와 출구는 만들지 않았다. 언덕의 가장 높은 곳에 커다란 포플러나무를 심고, 그 나무의 보호를 받으면서 작은 소년이 벤치에 앉아 있다. 좁은 보도가 위에서부터 평지 아래까지 이어져 있었다.

그는 갑자기 활기를 띠며 검은 탱크, 군인, 무기를 찾아서 언덕 위에 원형으로 세워 놓았다. 그는 전쟁이 일어났다고 말했다. 군인들이 언덕에 주둔하고, 기관총 사수들이 터널을 통해 총을 쏘고 있으며, 탱크가 전투 태세를 갖추고 있었다. 아니 그뿐 아니라, 그는 언덕이 공중 공격을 받을 수 있으니 방 천장에 줄을 달아서 폭격기를 걸어놓으려 했다. 세션이 시작될 때는 수줍어하고 두려워하며 주변을 살피더니 이제 자신이 원하던 대로 될 때까지 모래놀이를 열심히 하였다. 그러고 나서 만족스러워하며 자신의 그림을 보고 폭격기가 목표물을 놓치지 않도록 확실히 해 둔 다음 방을 떠나기 전에 재빨리 왼쪽 가장자리에 주유소를 설치하였다. 뺨이 불그스레 상기된 채 아버지에게 자신이 한 놀이를 보라고 하였다.

한편으로 이 그림(그림 16)은 자신의 집이 그렇게 되었으면 하고 바라는 평화로운 상황을 보여 준다. 집, 작은 정원, 그네 타는 소년, 여기서 그는 행복해 보인다. 동시에 언덕 위의 큰 나무 옆에 크리스토프가 자신과 동일시하는 두 번째 소년이 있다.

줄기는 하늘을 향해 자라고, 가지는 왕관처럼 펼쳐지며, 영양을 공급하는 대지 속에 뿌리내린 나무—봄에는 꽃이 피고 가을에는 열매를 맺는—는 예로부터 항상 인간의 관심 대상이었다. 그 성장은 인간의 삶과 비교되었다. 여러 문화에서 생명나무로 표현되었는데, 인간은 그 그늘에서 보호받기를 원하고 그 열매로 배고픔과 갈증을 달

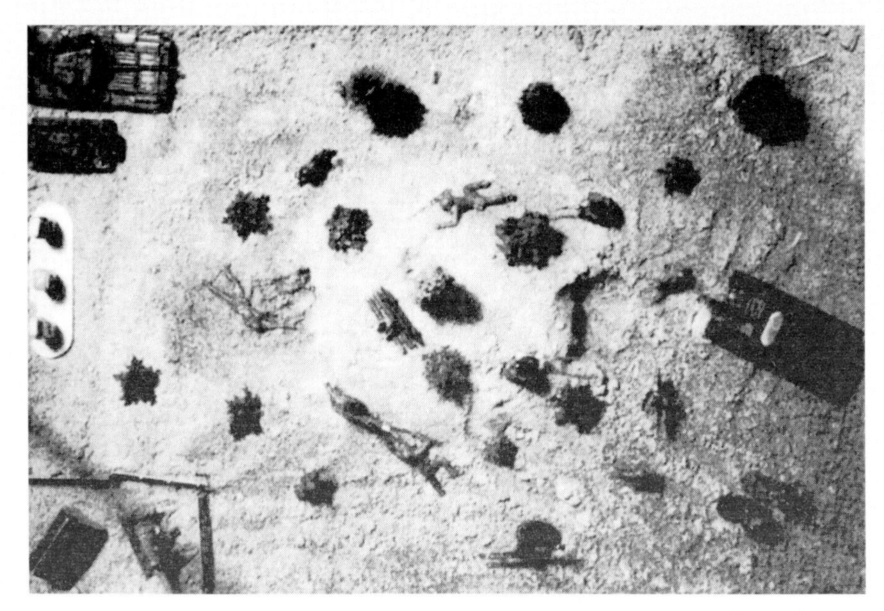

▲ 그림 16

랜다. 그래서 보호하고 영양을 주는 요소를 상징한다.

크리스토프는 언덕 위에서 이 나무의 보호하에, 자신의 소질을 펼쳐 나가 세상에서 자신이 마땅히 서 있어야 할 자리를 차지하는 것이 가능해지도록 바란다. 언덕 주변이 전쟁으로 혼란스럽기 때문에 이 소원은 위협을 받는다. 바깥세상은 그에게 극복할 수 없는 적대자다. 그는 두려워하면서 자신의 성역聖域, Temenos 테메노스인 울타리를 친 자신의 공간에 머문다.

나는 그 언덕을 바라보자 나도 모르게 임산부의 솟아오른 배가 떠올랐다. 그리고 왜 그 언덕이 공격의 목표였을까 의문이 생겼다. 어머니가 불행한 임산부 시절을 보낸 것이 아닐까? 자신을 언덕 위에 있는 나무 아래 놓는다는 것은 소년이 자신의 신체적인 어머니와는 별개의 여성적인 보호를 바란 것이 아닐까? 어머니와의 면담이 필요했다.

그녀는 농부의 딸로 아주 힘들게 살았다고 이야기해 주었다. 자주 기분이 좋지 않았고, 몸이 아팠지만 별로 신경쓰지 않았다. 그녀가 기분이 언짢으면 그저 게을러서라고 생각했다. 그러나 항상 통증이 있었고 결혼한 뒤에도 마찬가지였다. 그래서 임신을 두려워했고 여러 의사들로부터 위험 없이 아이를 낳을 수 있다는 확인이 필요했다. 그럼에도 불구하고 임신을 했다는 사실을 알았을 때는 두려움에 사로잡혔다. 출산이 잘못될 수도 있다는 생각에 견딜 수 없었다. 다시 의사의 도움이 필요했고, 위로를 받으면서 겨우 출산할 수 있었다. 거기까지는 정상적으로 진행되었다. 그러다가 작은 피조물, 크리스토프에 대한 책임감을 느끼자마자 다시 두려움에 시달렸다.

그래서 소년이 어머니의 품에서 보호받는다는 느낌을 전혀 받지 못했을 수 있다. 어머니의 두려움이 아이에게 옮겨졌다는 것을 생각해 볼 수 있게 되었다.

게다가 어린 크리스토프는 어린 시절에 불운한 일을 많이 겪었다. 두 살이 채 안 되었을 때 손가락을 전기 콘센트에 넣었다가 전기충격을 받았다. 학교에 입학하기 전에는 탈장 수술을 받았다. 이 경험이 그를 겁먹게 한 것 같다. 어머니는 내게 크리스토프가 주사와 흰 가운 입은 의사에 대한 공포가 있다고 이야기해 주었다. 그는 어둠을 무서워하고, 위층에 있는 침실에 혼자 올라가는 것을 두려워했다. 초등학교 2학년 때 선생님이 아이들을 거칠게 다루었는데, 그 결과 그의 두려움은 당연히 선생님에게까지 확장되었다. 이것이 때때로 학교에 가지 않은 원인인 것 같았다. 이 시기에 자질구레한 엄마의 물건, 특히 달콤한 것을 훔치기 시작했다.

우선 그에게 자신감을 주어 삶의 굴욕적인 상황을 극복할 수 있게 하는 것이 주요 과제였다.

그림 16에서는 그가 집 밖에서 안전감을 찾는 것을 표현했다. 그는 나무의 보호를 받으며 산 위에 서 있는데, 이는 상징적인 어머니를 찾고 있는 것이다. 다른 한편으로 나무는 **자기**의 상징이다. 여성성-모성을 표현할 뿐 아니라 곧곧한 기둥은 페니스를 의미하기도 한다. 즉, 마주하고 있는 극이 통합된다는 뜻을 가진다. 예후적으로 볼 때 나는 그의 천성 속에 있는 힘들이 중심으로 모인다는 것을 예상할 수 있었다. 나는 크리스토프가 마지막 순간에 맨 왼쪽 그림의 가장자리에 주유소를 놓자 기뻤다. 새로운 에너지가 무의식에서 채워질 수 있기 때문이다.

2회기를 마쳤을 때 크리스토프는 이미 나의 곁에서 편안함을 느끼는 것 같았다. 어떤 놀이를 해야 하는지도 스스로 정했다. 그는 처음에는 구멍가게를 몹시 마음에 들어 했다. 내게 물건을 사러 오고 싶어 했다. 온갖 과일, 해외에서 온 음식, 달콤한 것들이 있었다. 오렌지를 대량으로 사려고 했다. 놀랄 것도 없는 것이, 달콤하고 촉촉한 과일이 안에 들어 있는 빛나는 공 모양의 것과 새로운 삶을 의미하는 씨앗들은 그의 무의식이 추구하는 바로 그것이었다.

평화롭던 놀이는 어느 날 크리스토프가 갑자기 가게에 강도가 드는 장면을 연출하면서 끝나 버렸다. 그가 침입자이고 나는 침입자를 찾아내야 하는 경찰이 되었다. 크리스토프는 숨을 곳이 많은 오래된 우리 집에서 내가 그를 오래 찾게 꼭꼭 숨는 것을 아주 재미있어했다. 가끔 나는 그가 아주 잘 숨었다는 것을 보여 주기 위해서 일부러 찾는 시간을 늦추었다. 크리스토프는 이 놀이를 하면서 내가 그에게 숨겨진 것들을 찾아내는 것을 원한 것이 아닐까? 그는 진지하게 수용되고 탐색되기를 원했다.

어느 날 그가 아버지와 마찬가지로 그림 그리기를 좋아한다고 하였다. 그는 아주 큰 종이 2m 50cm X 1m 에 그림을 그리고 싶어 했다. 커다란 공간을 사용하길 원했으면서도 한쪽 아래 구석에 아주 작은 남자를 그렸을 때 나는 매우 놀랐다. 그렇게 그의 자아는 작았다.

한 달 뒤 그는 두 번째 모래그림을 만들었다. 소년이 언덕 위에 앉아 있고 발밑에 작은 마을이 펼쳐졌다. 오리와 닭이 마을 광장에서 뛰놀고 있었다. 그러나 갑자기 마을의 평화스러운 풍경은 군인들로 뒤덮힌 전쟁터로 변하고 말았다. 자동차와 기차가 산에 나뒹굴고 있었다.

이 그림을 통해 지난 달에 별 진전이 없었다는 것이 분명해졌다.

하지만 크리스토프는 점점 용감해졌다. 그는 딱총에 흥미를 보이기 시작했다. 그는 그것으로 무엇을 할 수 있는지 알고 싶어 했다. 먼저 나는 손에 잡고 쏘는 방법을 보여 주었다. 그는 결국 총소리를 듣고 싶어 했다. 그는 멀리서 귀를 막고 있을 테니 나에게 딱총을 쏘라고 하였다. 두세 번가량 듣더니 자기가 쏘고 싶어 했다. 점점 더 큰 소리가 나길 원했다. 마지막으로 지하실로 가서 무수히 많은 뇌관을 돌바닥에 놓았다. 내가 충분하게 마련해 주지는 못했지만 그 소리가 커질수록 그는 기뻐하였다.

그는 네 달가량 지나서야 모래그림을 다시 만들었다. 양손으로 큰 길을 그려 표시하고, 그 길 위에서 차들이 순환하게 하였다. 첫 그림과는 반대로 텅 비어 있고 아무것도 말해 주지 않는 것 같아 보였다. 그러나 차들이 방해 없이 잘 움직일 수 있었던 것은 처음이었다. 그들은 자유롭게 움직일 수 있었다. 정체된 리비도가 이제 흐르려는 것이다. 나는 그의 삶에서도 조만간 진전이 보이기를 바랐다.

다음 시간에는 아주 커다란 칠판에 그림을 그렸다. 이번에는 공간을 모두 사용하여 꽉 차게 그렸다. 스키 시합 장면이었다. 사람들이 스키 활주로 옆에 늘어서서 계곡으로 질주하는 스키 선수를 바라보았다. 이 그림은 무의식 속에 정체되어 있던 에너지가 움직이기 시작하고 게다가 목적을 향해 달린다는 나의 인상을 뒷받침해 주었다. 싸우는 군인들로 나타났던, 자신의 발달에 큰 장애물로 느꼈던 바깥 세계가 이제는 능력 있는 스키 선수를 열광하는 관중으로 변하여 나타났다. 이 여린 소년 안에 아주 큰 공명심이 숨어 있는 것이 내게 보이기 시작했다.

크리스토프가 그 시점에서 이 에너지를 사용할 능력이 있다고 볼 수는 없었다. 그러나 나는 치유하는 힘이 마음에 작용하기 시작했다는 것을 보고서 기뻤다. 그림을 그린 선이 약하다는 점에서, 열심히 노력하여 올라서는 단계가 암시는 되어 있지만, 아직 미래의 일이라는 것을 알아챌 수 있었다. 나의 관찰에 의하면 무의식으로부터 가시화된 하나의 상태를 외적 삶에 반영할 수 있기까지 보통 6~8주가 걸린다. 처음에는 그것을 막 틔우기 시작한 싹처럼 조심스럽게 다루어야 한다.

나는 확신을 가지고 크리스토프의 다음 치료시간을 기다렸다.

그는 일주일 후에 왔는데, 그의 안색을 보고 나는 걱정스러워졌다. 피부색은 더 창백해 보였고, 눈빛은 공포에 떨고 있었다. 무슨 일이 있었을까? 나는 그에게 "어떻게 지냈니?"라는 물음으로 인사를 했다. 그는 "좋지 않아요, 방금 사고를 보았어요."라고 대답하였다.

크리스토프가 기차를 타고 내게로 오는 도중, 우체국 직원이 기차에 소포를 나르다가 기차가 움직여 떨어지는 것을 목격한 것이다. 그 우체국 직원은 전혀 다치지 않았지만 그에게 나쁜 일이 일어날지도 모른다는 이 몇 초간의 불확실성이 이제 막 소년의 내면에 싹트기 시작한 안정감을 파괴해 버렸다.

이것은 그가 충격을 받은 상태에서 그날 만든 모래그림에 분명하게 나타났다(그림 17).

탱크, 군인, 동물이 마구 어지럽게 모래상자 안 가장자리까지 가득 놓였다. 열차 하나는 모래 속에 박혀 있었다. 전체적으로 정신분열 환자의 그림이 떠올랐는데, 방금 소년의 호전되던 상태가 다시 심하게 이전의 상태로 되돌아간 것을 걱정하면서 긍정적인 요소를 찾기 시작하였다. 왼쪽 아래에 작은 연못이 있었다. 그 앞에 이 혼란과는 무관하게 작은 소년과 한 여성이 꽃이 피어 있는 커다란 나무 옆

▲ 그림 17

에 앉아 있었다. 그 많은 동물 중에 한 마리의 코끼리가 물을 마시려고 물을 바라보고 있었다.

크리스토프는 "이런 세상에서 살고 싶지 않아요."라고 말하였다. 그는 소년과 여성으로 표현한 치료적 상황에서 보호받고자 하였다. 그는 이곳이 안전하다는 것과 그가 알려지지 않은 샘물로 상징된 자신의 무의식으로부터 새로운 힘을 얻는다는 것을 이미 경험하였다. 여기서도 나무는 성장과정을 지휘하는 자기를 상징하는데, 이번에는 나무에 꽃이 피어 있다. 여기서 이 무리에 속한 것으로 볼 수 있는 코끼리는 소년이 자신에게 커다란 요구를 하고 있다는 것을 상징한다.

동물은 인간 본능의 여러 측면과 동시에 그 의미를 표현한다. 코끼리는 지능이 높고 숲 속에서 인간이 하는 일을 돕는다. 인도의 전설에 의하면 코끼리가 붓다를 낳았기 때문에 성스러운 동물로 여겨진다. 따라서 코끼리는 전의식前意識 속에 동물 형태로 나타난 구원자적 인물의 화신化身이기도 하다.

크리스토프는 이러한 세계에서는 살고 싶지 않다고 말하면서, 완전히 무의식적으로 이미 구원에의 희망을 연못 주위의 작은 영역에 상징적으로 표현한 것이다. 물론 아직은 그가 머물고 있는 혼란상태가 압도적으로 우세하기는 하다.

이즈음 크리스토프의 선생님이 내게 연락을 해 왔다. 크리스토프가 이제 학교에 결석하지 않는다는 기쁜 소식이었다. 그렇지만 동급생과 수업진도를 따라가기가 힘들다고 하였다. 그래서 선생님은 크리스토프를 특수반으로 보낼 것을 제안하였다. 나는 이 일이 그에게 새로운 충격을 주지 않을까 걱정하였다. 그림 속에 뚜렷이 나타났던 그의 무의식 속에 꿈틀거리는 공명심이 상처를 입을 것이다. 이러한 조치는 그가 얻은 작은 안정감을 해칠 수도 있다.

선생님에게 조금 참아달라고 하면서 가능하면 반을 옮기지 않을 것을 부탁하였다. 심리적으로 더 강해질 수 있는 모든 기회를 소년에게 주는 것이 이 시기에 매우 중요해 보였다. 바로 이 위기 상황에서, 그동안 되찾은 안정감이 다시 사라지는 것을 막고 계속 자라나게 하는 것이 나의 과제였다. 치료에서는 크리스토프에게 뒤흔들린 자기 신뢰감을 되찾아 주기 위한 방도를 찾는 것이 더욱더 중요해졌다.

다음 회기에 와서 그는 이제 더는 작동되지 않는 전기 기관차를 발견하였다. 그것을 분해하고 왜 움직이지 않는지를 밝혀내 수리하려고 했다. 이미 그보다 나이 많은 소년들도 그렇게 해보려고 시도했었지만 실패했다. 그래도 나는 기꺼이 그렇게 하도록 놔두었다.

그는 아주 세심하게 작은 나사들을 풀고 부품 하나하나를 분해해서 아주 잘 정리해 가며 책상 위에 놓았다. 아주 작은 부속품을 만지고 나란히 놓는 그의 뛰어난 손놀림에 놀랐다. 회기가 끝날 때쯤 완전히 분해하였다. 크리스토프가 그것을 다시 조립하는 것이 가능할까? 그는 부속품을 자신이 놓아 둔 그대로 둘 것을 부탁하였다.

그다음 두 회기 동안 크리스토프는 책상 앞에 앉아 작은 기관차를 재조립하는 것에 몰두하였다. 때때로 작동되는지 시험해 보고 무엇인가 작동하지 않으면 다시 고쳤다. 어느 순간 놀랍게도 기차가 움직였다. 이 기쁨! 곧 이어 방바닥에 선로를 만들었다.

나는 내게 철도를 놓는 것, 출입로를 만드는 것을 가르쳐 주는 소년과 함께 수시간을 바닥에서 작업하였다. 이런 것에 익숙하지 않은 나는 그가 나를 지도하도록 하였고, 이것이 그에게 즐거움을 주었다. 내가 무엇인가를, 예를 들어 내가 선로를 놓는 것을 잊으면 그에게 교정할 기회가 생겼다. 이 놀이에서 그는 교사가 되고, 하나의 새로운 역할에 익숙해지게 되었다. **내**가 배워야 할 것이 있는 곳에 **그**가 무엇인가 할 수 있었다.

5주 동안 진지하게 이 놀이를 한 후 나는 모래그림을 만들 것을 제안했다. 크리스토프는 곧바로 응했다. 숲이 우거진 곳에서 양쪽 방향으로 배가 다니는 강을 가로질러 넓은 다리를 놓았다. 다리 위에도 교통이 활발했는데, 기차와 자동차가 다리 이쪽 편과 저쪽 편으로 달리고 있었다(그림 18).

많은 힘과 새로운 에너지가 무의식—숲으로 나타났던—으로부터 흐르기 시작했다. 자세히 보면 질서 유지 기능을 하는 차량들도 몇몇 있었다. 경찰차, 불을 끄는 소방차, 쓰레기를 치우는 청소차. 질서를 바로 잡는 힘이 움직이기 시작했으며, 이전 그림에서 보였던 혼

▲ 그림 18

란스러운 상태가 사라졌다. 수로를 통해서 뿐만 아니라 육로를 통해서도 교통이 양 방향으로 원활하다는 것은, 완전한 자유 속에서도 질서정연하게 흐르는 힘을 표현하고 있으며, 이 힘은 무의식을 의식으로 의식을 무의식으로 연결시켜 준다. 이 순간에 나는 건강한 심리적 발달이 시작되었다는 가정을 할 수 있었다.

한편 내게는 그가 타고난 전기기술자로 보였다. 그는 능수능란하게 기차를 수리해 놀면서 다른 온갖 세세한 전기 관련 사항을 보충해 나갔다. 나는 그가 집에서 이층에 동생과 둘만 있을 때에 편리하도록, 그에게 아래층과 위층 사이에 연락기기를 설치하도록 하였다. 이 일로 부모와 아이들 모두 기뻐했고, 그들은 이제 서로 연락할 수 있게 되었다.

나는 치료실에 있는 3층짜리 인형의 집에 전등을 설치하는 일을 그에게 맡겼다. 집은 인간의 내면을 상징하기 때문에, 나는 그가 이 일로 자신의 내적 삶의 공간에 상징적인 불을 밝힐 수 있도록 하고 싶었다. 이번에도 또한 크리스토프는 흥미를 가지고 자신의 일에 열중했다. 여러 가지로 생각해 가면서 작은 전선을 연결하고, 아주 작은 전구와 스위치를 설치해서 몇 시간에 걸친 작업 후에 여섯 개의 방 안에 불을 켜고 끌 수 있게 하였다. 지난 세기에 에디슨이 전구를 발명했을 때의 놀라움도, 인형의 집에 갑자기 불이 들어왔을 때 이 작은 크리스토프에게 불러일으킨 것보다 크지 않았을 것이다. 더욱이 이것은 자신의 작업이었다.

이 일을 동기로 다음 모래그림이 만들어졌다(그림 19). 하모니카를 든 음악사가 앉아 있는 작은 언덕의 중심에서 양방향으로, 즉 하나는 오른쪽에서 왼쪽으로, 다른 하나는 왼쪽에서 오른쪽으로 닫힌 원을 그리며 서커스 피규어들이 순환하고 있다. 바로 로마의 전차, 코끼리, 호랑이와 말, 크라운과 곡예사들이었다. 왼쪽과 오른쪽의 바깥으로는 관중이 있다. 이전 그림에서는 물, 다리와 운송수단으로 사각형의 형태로 암시되었던 **자기**가 이제 중심 주위를 도는 치르쿰암불라치오 Circumambulatio로 분명하게 발전하였다.

이 사건에 대한 나의 놀라움을 분명히 하기 위해서 치르쿰암불라

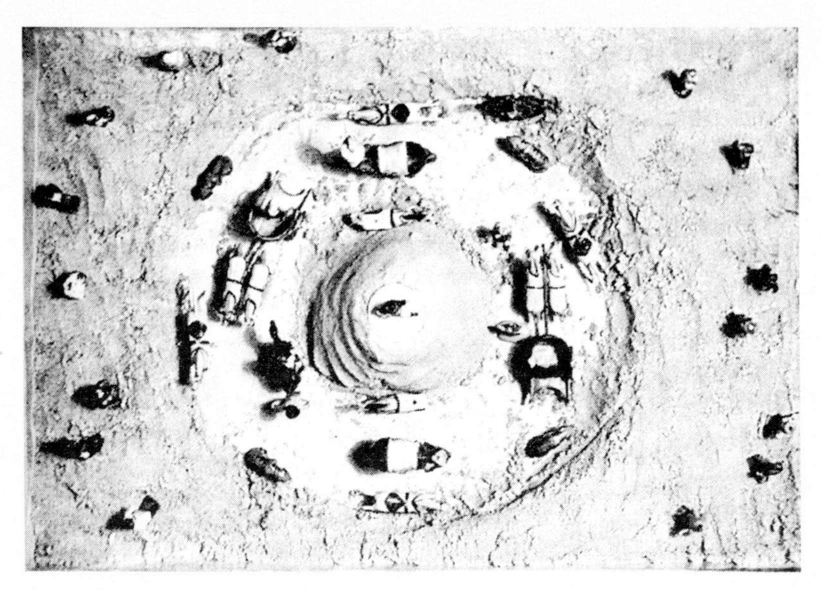

▲ 그림 19

치오의 상징을 좀 더 다루면 다음과 같다. 치르쿠스Circus, 서커스는 반지, 원을 의미한다. 고대 로마의 서커스는 로마의 전차경주, 나중에는 동물 격투에 쓰였고, 기독교를 탄압하는 동안에는 기독교인들이 원형경기장에서 동물 격투로 판결을 받기도 했다.

아홉 살짜리 소년이 이 로마의 전차경주를 알고 있었을까? 분명히 몰랐을 것이다. 도시에서 멀리 떨어져 소박한 환경에 살면서 서커스를 볼 기회조차 없었을 것이다. 그것에 대해 들어본 적은 있을 수도 있으나 요즘의 서커스 공연에서 로마의 전차경주를 하는 일은 없기 때문에, 이 그림은 분명 원형Archetypus에 관한 것이다. 이 모래그림에서 말과 함께 원을 그리며 돌고 있는 길들여진 코끼리나 호랑이 같은 동물에 대해 누군가에게 이야기를 들은 적은 있을 것이다.

크리스토프는 중심에 있는 악사가 그곳에 있는 모든 이를 기쁘게 하기 위해 음악을 연주한다고 했다. 그래서 우리 그림의 주제는 분명히 중심으로 집중하는 것이다. 자세히 보면 두 개의 바깥쪽 원은 오른쪽에서 왼쪽으로 시곗바늘 반대 방향 심리학적으로 무의식의 방향으로 움직이는 데 반해, 안쪽의 피규어들은 왼쪽에서 오른쪽으로 시곗바늘 방향, 즉 의식의 방향 움직이는 모습이었다.

인간에게 중심을 잡는 것은 경외심, 누미노제 Numinose 체험을 안겨주는 것, 즉 인간 안에 있는 종교적 힘과 접촉하게 하는 것임을 알고 있기 때문에, 아마도 사제가 제물 위로 세 번 향로를 돌릴 때 두 번은 오른쪽에서 왼쪽으로, 한 번은 왼쪽에서 오른쪽으로 돌리는 것과 비교하는 것이 과장된 것은 아닐 것이다. 제물은 가톨릭 미사에서 성화 聖化 되고 본래의 변환을 위해 준비된다. 소년의 그림은 확실히 변환의 의미를 갖는 중심잡기를 표현하고 있다. 놀랍게도 겉보기에는 별로 중요해 보이지 않는 여기 이 놀이에서 영혼을 치유하는 원형적 기능이 표현된다. 로마의 전차경주나 동물 격투 같은 것을 기억나게 하는 이 그림에서, 부정적인 기운이 아직 무의식적이지만 깊은 종교적 사건으로 변환하려고 하는 것이 실제로 가능할까?

원이나, 특히 중앙을 도는 것이 다른 문화에서는 신을 표현하는 것이다. 융은 『심리학과 종교』에서 다음과 같이 말한다. "예전부터 원이

나 중심은 신의 상징이다. 육화된 신의 전체성을 보여 준다. 중앙의 하나의 점과 많은 원주의 점. 심리학적으로 이 정렬은 만다라를 의미하는데 이로써 개개의 자아뿐 아니라 동시에 그와 같은 뜻을 가지거나 공동 운명인 다른 많은 사람들이 향하고 있는 자기의 상징이다. 자기는 자아가 아니며 자아를 넘어서는 무의식과 의식을 포함하는 전체성이다. 무의식에는 한계가 없는 데다가 그 깊은 층에서는 집단적 성격을 띠기 때문에 개인으로부터 분리될 수 없다. 따라서 다수에 하나, 모두 속에 있는 **하나**의 인간을 의미한다."[1]

그림 17에서 우려했던 붕괴로부터 보호하기 위해 어머니-아이의 일체감을 형성하게 하는 전이의 상황에서, 그의 가장 깊은 내면에 테메노스Temenos[2]를 만드는 것은 그에게 성공적이었다. 이 보호된 공간에서 외부 세계와 대면하는 것이 가능해질 것이다. 첫 번째 그림에서는 안과 밖이 분리되었다. 그는 집에서 보호를 받을 때는 좋았지만 언덕 위에서는 엄청나게 위협을 느꼈다.

일반적인 아동이 두세 살 때 보이는 중심 잡아 가기Zentrierung를 그는 지금 상징적으로 표현했는데, 이곳으로부터 이제 건강하고 강한 자아가 발달되어 나가야 할 것이다. 그는 그림 그리기나 조형造形같이

---

1 Jung, C. G. *Zur Psychologie westlicher und östlicher Religion*, Walter, 전집 11, 1963.
2 Temenos: 〈그리스어〉 고대 그리스 제의가 행해지던 신성한 영역. 신전-역주

소소한 창조적인 작업 이외에도 공작工作을 시작했다. 그는 여기서도 손재주를 드러냈고 게다가 색채감도 뛰어나다는 것을 보여 주었다. 이 단계에서 나는 항상 아동에게 더욱 더 창조적인 활동을 할 기회를 많이 준다. 이때는 완성된 예술품을 만드는 것이 아니라 자신의 아이디어를 표현하는 것이 중요하다.

노이만Neumann[3]이 말한 유아의 발달단계가 치료상황에서 만회되어야 한다. 더 나이가 들어서도 그 첫 번째인 식물과 동물의 단계가 나타나기도 한다. 이때 흔히 식물과 동물이 있는 그림들이 만들어지는데, 크리스토프도 마찬가지였다.

다음 그림은 원시림 상태를 나타낸다(그림 20). 자연 그대로인 숲 지대 중앙으로 강이 흐르고 있었다. 동물이 지나다닐 수 있는 얕은 여울과 다리가 양 강가를 연결한다. 동물들이 물을 마시기 위해 개울로 간다. 오른쪽 끝쪽에는, 모로코인이 강의 양쪽에 한 명씩 보인다. 이 두 흑인에게서 나는 원시림으로 묘사된 무의식의 깊은 곳에 머물고 있는 본능 단계에서 자아가 두드러지게 보이기 시작하는 것을 알 수 있었다.

일상생활에서 크리스토프는 점점 더 독립적이 되고, 그의 공명심이 점점 더 실현되기 시작하였다. 좋은 점수가 중요해졌다. 자신의 성장을 확신시키기 위해 그는 나를 자신의 시험에 참석하도록

---

3 Neumann, E. *Das Kind*, Rhein-Verlag, Zürich, 1963.

▲ 그림 20

초대하기도 했다. 이 계속된 환경과의 대면이 머지않아 그림 속에 표현되었다(그림 21). 지난 그림에서는 물이 자연상태의 강변을 흐르고 있었지만 여기서는 인간의 손으로 만들어진 운하를 통과하고 있다. 배가 양쪽 방향으로 움직인다. 양쪽에 전투하는 군인들과 흑인들이 있는데, 크리스토프는 그들이 수에즈 운하를 차지하기 위해 싸움을 벌이는 것이라고 말했다. 원시림을 연상시키는 어두운 나무 대신에, 여기서는 극동지방과 남유럽에서 자라는 야자수가 있다. 코끼리도 있다.

아마도 아프리카에서 볼 수 있을 만한 원시림 장면은 심리학적으로 볼 때 극동지방에서 벌어지는 장면보다 더 깊은 영혼의 층에 해당한다. 따라서 소년 안에 그의 자아 발달이 명백하게 실현되기 시작했

▲ 그림 21

다는 것이 확실하다. 게다가 인간이 만든 운하, 즉 학문적으로 완성된 작품을 쟁취하려는 싸움이 벌어진다. 이 맥락에서 나는 그에게 훗날 직업을 위해서도 유익할 만한 모든 것을 지지해 주어야 했다. 그는 스스로 아이디어를 내서 작은 케이블카를 자기 집과 친구 집 사이에 만들었다. 케이블카는 그가 앞으로의 삶을 위해 절실했던, 외부 세계와의 연결을 상징한다.

처음에 크리스토프가 크게 걱정했던 학교에서의 문제는 사라졌다. 그는 끈기 있게 자신이 힘들어했던 과목을 알아서 했다. 특수반에 갈지도 모른다는 위협의 난관을 이미 극복하였고, 그가 아주 뛰어난 학생은 아니었지만 나중에 스스로 견습수업 준비를 결정할 수 있게 되었다.

그가 치료시간에 만들었던 마지막 그림(그림 22)은 취리히 호수와 그라이펜 호수 사이의 언덕들이었다. 집 하나하나는 하나의 마을을 나타내고 집 옆에 서 있는 사람은 주민을 나타낸다. 길 하나가 구불구불 언덕 위를 가로지르고 있다. 가장 높은 곳에—고갯길 꼭대기에—소년이 앉아 있다. 그가 실제로 살고 있는 지역의 언덕 위에서 아주 자유롭게 앉아 있다.

세상에 적응하는 일이 이루어졌다. 초기 그림에는 공격성으로 나타났고 아동의 발달을 방해했던 기운이, 이 그림에는 변환된 모습으로 표현되었다. 당시 싸우는 군인들이 주둔하여 포플러 나무 아래 벤치에 앉아 있는 그를 위협했던 곳에 이제는 자유롭게 일을 하는 사람

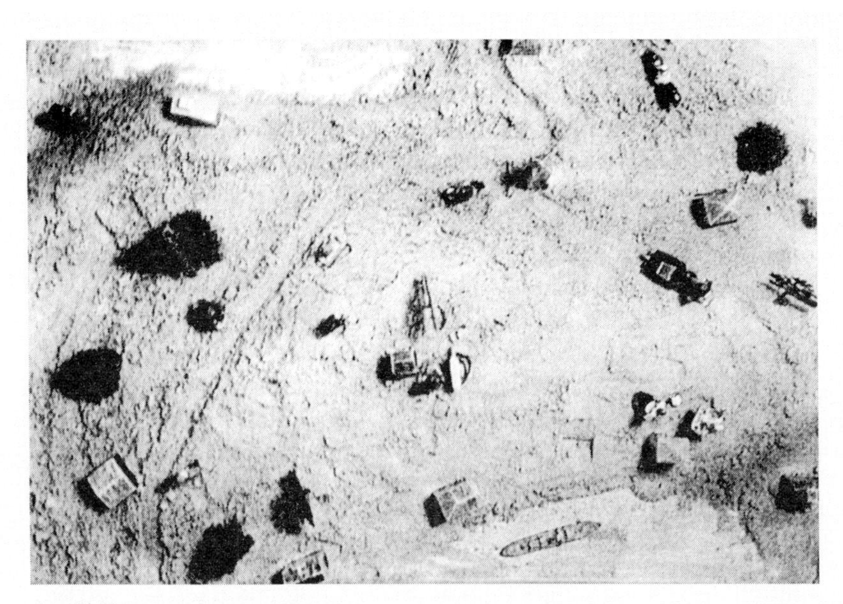

▲ 그림 22

들만 있다. 첫 그림에서, 한편으로는 갑갑한 집안 상황과 다른 한편으로는 전쟁의 소용돌이에 둘러싸여 있는 것으로 자신을 보았던 소년은 이제 언덕 위 길가에 앉아 그의 말에 의하면 넓은 세계로 자신을 데려갈 버스를 기다리고 있다.

2

킹

학습장애의 치유

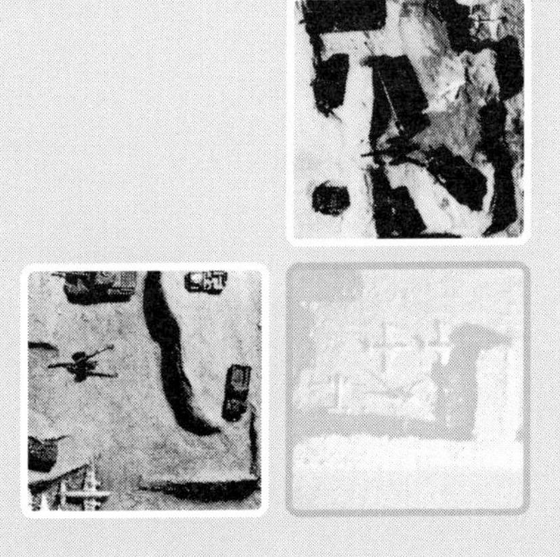

킴
학습장애의 치유

나는 열두 살이 된 킴에 대해 그가 자신의 삶을 만들어 가는 것에 미숙하다고 들었다. 그의 아버지는 아이가 외롭고, 친구도 없으며, 혼자만 있고, 자주 지루해한다고 말했다. 그는 아주 어려서부터 노는 것에도 흥미가 없었고 때때로 책을 읽기는 했지만 크게 관심을 보이지는 않았다. 그러나 어른과 함께 있을 때는 말 잘듣는 아이였다.

그는 옷이 항상 단정하고 머리를 말끔하게 빗어 깔끔한 인상을 주었다. 그러나 킴의 아버지는 늘 근심에 차 있었다. 학교 초기에는 킴에게 큰 문제가 없이 지나갔지만, 역시 점점 동년배로부터 자신을 고립시키고, 때때로 학습장애가 생겨났다. IQ 검사 결과는 평균 정도로 괜찮았다. 그러나 학습장애에 대한 치료는 별 성과가 없었고, 치료자는 그를 기숙학교로 보낼 것을 권했다. 그곳에서는 킴이 친구를 쉽게 사귀고, 나이에 걸맞게 동급생들과 운동을 하며 뛰어놀 수 있기를 기대해 볼 수 있기 때문이었다.

그러나 아버지는 몇 년 전 아내와 사별한 후 아들에게만 집착하고 있던 터라 떨어져서 사는 것을 원치 않았다. 두 살이라는 어린 나이에 킴은 어머니를 잃었다. 보모가 킴과 그의 한 살 아래 동생을 맡아 보살폈으며, 그녀는 6년간 어머니 역할을 하였고 아이들은 그녀를 따랐다. 한편 아버지는 아내를 잃은 상실감에 심하게 시달렸고, 시간이 그의 상처를 치유하기는커녕 더 깊게 만들었다. 그는 가정을 처음 꾸렸던 곳을 떠나면서 직장도 그만두었다. 더 안 좋았던 것은 불안이 그를 엄습하여 그가 새로운 직장을 구할 수 없었던 것이다. 불안은 불안정을 뜻한다. 어떻게 이런 상황에서 아버지가 아이에게 꼭 필요한 안정감을 줄 수 있을까?

어떤 치료자의 권유로 작은 아들을 기숙학교에 보낸 후, 아버지는 큰아들과 함께 살면서 가족이라는 테두리를 유지하려고 애썼다. 이것은 인간으로서 당연한 바람이고, 내 생각도 가능하다면 그렇게 되는 것이 맞다고 본다.

킴은 그사이 열두 살이 되었고 그의 능력과 소질에 맞추어 김나지움Gymnasium 1학년 학생이 되었다. 그는 우수한 학생이 되지 못했고, 특히 라틴어 때문에 애를 먹었다.

아버지가 내게 걱정스럽게 질문했다. "제가 아들과 떨어지지 않아도 아들이 고등학교를 졸업할 수 있을까요?" 치료자라고 해도 이런 질문에 '예' '아니요' 라고 쉽게 답하지는 못한다. 마음만큼 복잡하고 연약하며 영향받기 쉬운 것은 없다. 능력을 펼치기 위해서는 자유롭고 보호된 공간이 확보되어야 한다. 그래야만 기적이라 말할 수 있는 일도 일어날 수 있다. 마음은 치유의 힘을 자신 안에 갖추고 있다. 치료자의 과제는 그 길을 터주는 것이다. 이 길이 항상 발견된다고 주장하는 것은 주제넘은 일이다. 그러나 치유의 가능성이 보이는 한 어떠한 경우에도 진지한 노력을 해 볼 만한 가치가 있다.

킴이 처음 치료실에 들어왔을 때 그가 나이에 어울리지 않게 어른스럽다는 인상을 받았다. 그에게 실제 삶을 구성할 만한 것이 저 깊은 내면에 묻혀 있는 듯 보였다.

킴은 무엇인가 묻듯이, 그렇지만 아주 예의바르게 내게 인사하였다. 그의 곧은 태도를 흔들 만한 것은 아무것도 없어 보였다. 나는 우선 그가 분명 놀이를 하지 않을 것이라고 확신했다. 나는 그에게 놀이를 권하는 것조차 엄두가 나지 않았다. 그렇게 했다면 더 가까이 가기 힘들었을 것이고, 그 안의 자존심을 건드렸을 것이다. 우리는 학교에 대해, 그리고 라틴어에 대해 대화하였고 얼마 지나 그는 하품을 하기 시작했다. 그것은 흥미가 전혀 없다는 가장 뚜렷한 표시였다. 과외공부를 하는 것이 전혀 도움이 되지 않을 것이고, 환경의 변화도 근본적으로 상태를 호전시킬 수 없으리라는 것이 분명했다. 흥미가 없다는 것이 바로 그의 일방적인 발달의 표현이었고, 그 원인을 우선 밝혀야 했다.

두 번째 회기에 왔을 때 그는 훨씬 생기 있어 보였다. 그는 모래상자 속에 장벽을 쌓아도 되는지 물었다. 나는 그의 자발적인 조형造形 작업 제안에 놀라워하며 그 작업에 도움이 될 만한 피규어를 보여 주었다. 불가능해 보였던 것이 실현되기 시작한 것이다. 그는 조심스럽게 모래를 적셔서 견고하게 만들어 쉽게 형태를 잡을 수 있도록 하였다. 그는 대단한 정성으로 장벽을 쌓더니 실제로 요새가 되도록 만들어 놓았다(그림 23). 탱크와 대포 같은 중무기와 폭격기도 방어를 위해 정확히 계산한 뒤 그 안에 들여다 놓은 것 같았다. 처음에 모래상

▲ 그림 23

자의 왼쪽은 비어 있었다. 오른쪽에 만들어 놓은 것이 만족스러워진 후에— 밖에서 무기가 안 보인다는 것을 몇 번이나 확인한 후에— 왼쪽에도 만들기 시작했다. 그곳에 비교적 재빨리 대포 세 개를 상당히 약한 양철 벽 뒤에 놓았다. 그는 전체를 조망한 후 마지막으로 세심하게 만들어진 방어체제 안에, 그가 추락한 것이라고 말한 비행기를 거의 눈에 띄지 않게 놓았다.

나는 서로 대립하고 있는 에너지 영역의 비대칭성을 보고, 회기 내내 유일하게 생긴 질문을 그에게 하였다. "이 약한 대포 세 개가 중무기를 견디어 낼 수 있을까?" 그는 "그건 알 수 없지요."라고 대답하였다. 그 말에 나는 깊이 감동하였다. 무의식적으로 한 그 대답은 치유의 가능성을 스스로 말한 것이기 때문이다.

그는 자신의 상태를 추락한 비행기로 표현했다. 그 삶 전체가 이제까지는 의식에 초점을 맞추고 있었다. 그는 지적이었고, 예의범절을 익힐 수 있었으며, 외부 세계의 규정에 적응할 수 있었다. 그러나 무엇인가 그의 안에는 질식될 위험에 처한 것이 있었다. 그것은 본래 인간의 본질인 창조성이었다. 사춘기가 시작하는 발달단계에서, 소년이 남성이 되고, 소녀가 여성이 될 때 인격 발달에 관여하는 에너지의 원천에의 통로가 열려 있는 것이 매우 중요하다.

이 소년의 경우에는 초기 유년시절부터 이 통로가 위험에 처해 있었다. 어머니의 자궁의 보호막에서 세상으로 나온 아이는 한동안 어머니의 보호가 좀 더 필요하다. 무엇보다도 어머니는 아이를 보살피고 돌보는 사랑을 통해서 보호감을 아이에게 줄 수 있다. **바로** 이 보호감만이 아이의 본성을 잘 발달시킬 수 있다. 어머니가 결핍되어 있으면 아이는 자신의 세계에 들어가 외부 세계의 영향력으로부터 자신을 보호하려고 자신의 가장 깊은 곳 주위에 일종의 보호벽을 쌓는다. 이러한 방어벽 뒤에는 불안이 숨어 있고 이 불안이 점점 커지면 공격성으로 변한다. 이 공격성을 밖으로 분출하지 못하고 드러내지 않으면 내적으로 많은 에너지가 소모된다. 그렇게 되면 모든 새로운 것을 위한 에너지가 남아 있지 않게 된다. 이렇게 해서 그는 그에게 '너무 많은 것' 을 요구하는 일에 실패할 수밖에 없다. 새로운 과목인 라틴어는 그에게 '너무 많은 것' 을 요구하는 것이었고, 예민한 아이는 이것에 대해 놀라서 용기를 잃고, 무관심해 보이니까 교사와 부모가 걱정하게 된 것이다.

모래그림 안에 추락한 비행기가 그의 가망 없는 상황을 표현하고 있다. 억눌린 공격성이 중무기의 형태로 표현된 영역 안에 추락한 비행기가 놓여 있었다. 이것은 킴이 지금까지 살아 온 상황을 보여 준 것이다. 이 모래작업은 그의 경직된 태도에 생명력을 불어 넣기 시작한 첫 창조적인 놀이였다. 그의 내면에 정체된 역동은 허술한 벽 뒤의 작은 대포 세 개로 표현되었다. 그것이 세 개였다는 사실은 내게 '3' 이 역동적인 숫자인 만큼 중요하게 느껴졌다. 숫자 3이 나올 때는 항상 하나의 과정과 시작, 그리고 목표와 연결되어 있다. 예를 들어, 민담에서는 젊은이가 공주를 얻기 위해, 그리고 결국 왕국을 정복하기 위해 세 개의 어려운 과제를 완수해야 한다.

킴이 도달해야 하는 왕국은 자신의 적성에 맞는 일을 하면서 집단 속에 유용한 구성원이 되는 것이다. 손으로 하는 일이든 지적인 일이든 어떤 분야라도 상관없이, 자신의 소질과 성향에 맞아 자신을 매일 새롭게 하고 행복하게 하는 일을 하는 사람이면 모두가 자신의 주인이고 왕이 아닐까? 자신의 왕국이 없는 왕이 무슨 소용이 있을까? 무엇보다도 자신의 왕국을 다스리기 위해 필요한 초인적인 힘을 어디서 끌어올 수 있을까?

3은 이것이 어떻게 펼쳐져 나갈 수 있을까 하는 물음에 더 확장된 상징적 의미로 답을 준다. 예로부터 3은 역동성의 의미만 있는 것이 아니라 성스러운 숫자로 간주되었다. 아주 오래전부터 신적인 작용이 이 숫자와 연관되어 있다. 숫자 3은 인간을 초월하는 힘과 결속되어 있는 것으로서, 융은 삼위일체 도그마의 심리학적인 해석에서 이에 대해 말하고 있다. "삼위는 지배적인 힘으로 정신적인 발달이 잘 되도록 할 뿐만 아니라 때로는 실질적으로 강제하는 원형이기도 하다."[1] 킴의 무의식 속에서 '알게 된' 이 신적인 힘의 보호 아래, 아직 약해 보이기는 하지만 실제로는 '우리의 자아보다 더 큰' 에너지를

---

1 Jung, C. G. *Zur Psychologie westlicher und östlicher Religion*, Walter, 전집 11, 1963, p. 211.

통해 막강한 공격성을 극복할 수 있는 희망이 살아 있다.

아동 내면에 존재하는 그러한 힘을 포착하고 힘이 발휘될 수 있는 기회를 주기 위해서 그 힘을 보호하는 것은 치유자의 몫이다.

나는 항상 어린아이의 심리가 얼마나 정신적이고 치유적인 힘과 가깝게 있는지를 발견하고는 감동을 받는다. 또한 어린아이의 단순한 한마디, "알 수 없는 거야."는 저절로 중국의 현인 노자를 생각나게 할 만큼 삶의 깊은 지혜를 말해 주고 있다. 인간에게 널리 적용할 수 있는 노자의 『도덕경』 76장과 78장에는 다음과 같은 내용이 제시되어 있다.

76장

사람이 삶을 얻으면
부드럽고 약하고,
그가 죽으면
단단하고 강해진다.

그러므로 단단하고 강한 것은
죽음의 무리이고,
부드럽고 약한 것은
삶의 무리다.

따라서

강한 무기로는 이기지 못한다.

78장

약한 것이 강한 것을 이기고,

부드러운 것이 단단한 것을 이긴다는 것은

세상 사람 모두 알고 있으나

아무도 이에 따라 행동하는 것을 이루지 못한다.[2]

노자는 여기서 소수가 거대한 힘에 대항해서 싸워야 할 때, 약자에게 깊은 신념에 기초한 예상치 못한 힘이 흘러 곧잘 승리하게 된다는, 역사적으로 오늘날까지 여러 번 증명된 것을 이야기하고 있다.

킴이 다음 시간에 왔을 때, 다시 방어벽을 만들고자 하였다(그림 24). 나는 그의 놀이하려는 욕구를 기뻐하며, 그의 상태가 어떻게 발전될지 큰 기대감을 가지고 허락해 주었다. 실제로 또 하나의 '방어벽'이 만들어졌는데, 이번에는 약간 느슨한 형태였다. 그는 그것을 보고서 말했다. "이제는 그렇게 아주 막혀 버린 것은 아니군."

---

2 Lao-tse, *Tao-te-king, Das Buch vom Sinn und Leben*, Wilhelm, R. 번역 및 주해, Eugen Diederichs, Dusseldorf/Köln, 1957.

▲ 그림 24

실제로 벽이 그리 높지 않았고, 이제 소년은 방어벽을 허물기 시작한 것처럼 보였다.

다음 시간에 킴은 망설임 없이 모래상자로 갔다(그림 25). 다시 벽을 쌓았지만, 이번에 그것은 비행기와 폭격기가 비행을 위해 준비하고 있는 활주로였다. 그것은 크고 넓었으며, 왼쪽 방향 즉, 아직 실현되지 않은 가능성의 방향으로 향했다. 이것은 고여 있던 아주 심한 공격성이 자유롭게 흐른다는 것을 의미한다.

나는 평생 고의로 무엇인가를 파괴한 적이 없는 소년에게 이 일이 어떻게 어떤 방식으로 영향을 끼칠지 초초하게 기다려 보았다.

▲ 그림 25

다음 회기에 그는 모래놀이를 하기 싫어했다. 그러면 무엇을 하고 싶은지 물어보자, 그는 주변을 둘러보고는 던지는 화살을 골라 곧 그것을 다트 판을 향해 던졌다. 그러나 그 과녁을 사용하는 것이 지루했는지 새로 칠한 벽판에 화살을 던지기 시작했다. 나무벽에서 조각들이 떨어져 나올 정도로 그는 많은 에너지를 화살을 던지는 동작에 쏟고 있었다. 그렇게 하도록 내버려 두는 것에 대해 그는 크게 놀랐다. 처음으로 그의 얼굴이 밝아졌다. 내가 그를 꾸짖지 않고 파괴하는 것을 비난하지 않자, 그는 여기에 자신에게 도움이 될 무엇인가 있다고 느꼈다.

그럼에도 불구하고 화살던지기 놀이는 충분하지 않았다. 그는 새로 발견한 작은 공기총이 더 매력적으로 보였다. 그는 다시 과녁을 향해 총을 쏘기 시작했고, 즐기는 것 같았다. 그러고는 소음을 만들어 딸깍딸깍 소리가 나는 것을 듣고자 했다. 내게 아이디어가 떠올랐다. 함께 빈병이 많이 있는 포도주 지하 저장고로 가서 빈병을 모두 쏘아 부수도록 하였다. 수천 개의 병조각들이 날아 다녔다. 이어지는 회기에서 그는 놀이를 하면서 아주 즐거운 시간을 보냈다. 마침내 그것도 빈병이 남지 않자 끝이 났다. 이제 그에게 단 하나의 소원이 남아 있었다. 시립극장의 샹들리에를 쏴서 아래로 떨어뜨리려 했다. 아직 거대한 공격성이 소년 안에 숨어 있음을 알 수 있었다. 이 소원이 이루어질 수 없다는 것을 그도 분명 알고 있었다. 그러나 온전한 것을 필사코 망가뜨리고 싶어 했다. 나는 그의 공격성이 목표물을 찾고 있는 것을 느꼈기 때문에, 그가 우리의 공간 안에서 어떤 물건을 찾도록 하였다. 단순히 소음으로 표출되려 했던 난폭함이 서서히 뒷전으로 물러가는 듯하였다. 주위를 둘러보던 그의 시선이 인형의 집안에 있는 작은 사각탁자에서 멈추었다. 그는 그것을 쏘아서 부서뜨려도 되는지 물었다. 나는 "그래도 좋다."라고 대답하였다.

처음에는 샹들리에보다는 인형의 집 작은 탁자가 무난한 목표인 것을 아는 것처럼 보였다. 탁자의 사각형은 그래도 전체성을 의미한다. 본능적으로 소년은 이 상징을 찾은 것이다. 즉, 그가 중심을 잡으려Zentrierung 했기에 나는 그에게 허락하였다. 그의 파괴적인 행동 뒤에 있을 법한 것이 처음에는 보이지 않는 듯했다. 한 번 더 나의 생각을 동양 쪽으로 돌려서 이해하고자 한다. 일본에는 많은 선사들이 활쏘는 기술을 익힌다. 그들은 살아 있는 적대자와 피흘리는 대면이 아니라 자신과 대면하는 정신수련과 관련되어 있다. 과녁의 중심을 향하는 동안 자신의 중심을 향하고 있는 것이다. 이런 방법으로 활쏘는 이는 자신의 중심에 도달하고자 한다. 이는 여러 해에 걸쳐 힘든 수련을 통해서 이루는 것이다. 헤리겔Herrigel은『활쏘기 기술 속의 선禪』이라는 책에서 이에 대해 다음과 같이 말하고 있다. "이 대면의 내용은 활 쏘는 이가 자기 자신을 겨누고 있지만 동시에 자신을 겨누고 있는 것이 아니라는 것, 이때 아마도 자신을 맞추지만 동시에 자기 자신을 맞추는 것이 아니라는 점이다. 따라서 목표를 겨누는 이와 목표, 맞추는 이와 맞추어진 것이 하나다. 활과 화살은 단지 구실일 뿐이고 이것들 없이도 이루어질 수 있다. 그것은 목표로 향하는 **길**이지 목표 자체가 아니다."[3]

여기에서 우리는 내가 이미 언급한 것을 확실히 경험한다. 즉, 사위성4각형 특자은 전체성의 의미에서 중심을 잡는 것이 추구될 때 나타

---

3 Herrigel, E. *Zen, in der Kunst des Bogenschießens*, Otto Wilhelm Barth, München, 1956.

나는 것이다. 소년도 쏘는 자이면서 맞는 자다. 그는 자신의 발달을 저해하는 측면—이로써 그 자신—을 맞추어야 했다. 낡은 태도는 새로운 태도로 교체되어야 했다.

모래놀이에 쓰이는 피규어 하나가 그의 다음 목표였다. 융이 말한 페르소나 태도—밖을 향해서는 완벽하지만 안에서는 무슨 일이 진행되는지 알 수 없게 하는—를 보여 주는 남성이었다. 이 피규어를 찰흙 덩어리 위에 올려놓고 쏘아서 완전히 부서뜨렸다. 이제 그는 이제까지 보여 주었던 태도를 완전히 극복하였다. 그때 나는 '이런 일이 벌어지게 하다니 내가 너무 지나친 것은 아니었을까?'라고 생각했다. 그가 다음에는 살아 있는 사람을 쏘고 싶어할지도 모른다는 생각에 걱정이 되었다.

이 일이 소년에게 어떠한 영향을 끼쳤는지 알기 위해서 그다음 날 아버지와 이야기하였다. "아주 진기한 일이 어제 저녁에 일어났어요."라고 그가 말했다. "킴이 아주 어렸을 때 이후 처음으로 저녁인사 키스를 했어요." 그가 자신의 가면을 벗어던진 것이었다. 감정과 느낌의 벽이 부서지자, 그는 자신의 아버지를 포옹할 수밖에 없었다. 나는 그의 아버지 스스로 아이에게 자신의 감정을 자연스럽게 보여줄 수 없었던 것을 알고 있었기 때문에 더 감동을 받았다. 자신에게 아들이 다가와 준 것에 그 아버지는 행복해 했다. 이제 쌓였던 공격성이 충분히 사라진 순간이 온 것이다. 이 전환점을 정확하게 알아채는 것은 늘 쉽지 않다. 그러나 이것은 치유에 있어 중요한 순간이다. 이 순간을 놓치면 풀린 에너지가 파괴적인 형태로 흘러갈 위험이 있다. 그래서 새롭게 깨어난 에너지를 치료자가 포착하여 건설적인 길로 인도하는 것이 아주 중요하다.

그다음 시간에 소년은 용접용 가스 발염기를 발견하였다. 우선 그것을 가지고 정원에서 놀았다. 그는 램프 안에 있는 벤진을 방울방울 바닥에 떨어뜨린 다음 불을 일으켜 수많은 작은 불꽃을 만들었다. 나는 그것이 아주 즐거운 놀이라는 것은 인정한다. 그러나 이 순간에 내가 추구하던 것은 아니어서, 치료 중에 처음으로 방향을 틀면서 개입하였다. 나는 그에게 가스 발염기가 아주 유용한 도구라는 것, 그것으로 예를 들어 나무의 오래된 물감도 녹일 수 있다는 것을 설명하였다. 중세에서 유래한 나무에는 흉측한 색으로 칠이 된 대들보가 있었다. 우리는 함께 가스 발염기의 뜨거운 불로 이 칠을 나무에서 제거하려고 애썼다. 아주 재미있었다. 놀이 삼아 시작한 일이 수리작업이 되었는데 한참 동안 즐겁게 계속하였다. 색을 녹이던 불길 속에 있는 것과 꼭 같은 에너지가, 대들보의 오래된 나무에 아름다운 색이 드러남과 동시에 긍정적으로 작용하였다.

이제 새로운 모래그림을 위한 순간이 온 듯했고, 킴은 제안을 기꺼이 받아들였다(그림 26). 나는 그가 더이상 탱크를 만지지 않는 것을 기쁘게 바라보았다. 여러 가지 색, 나무, 인간들이 처음으로 그림

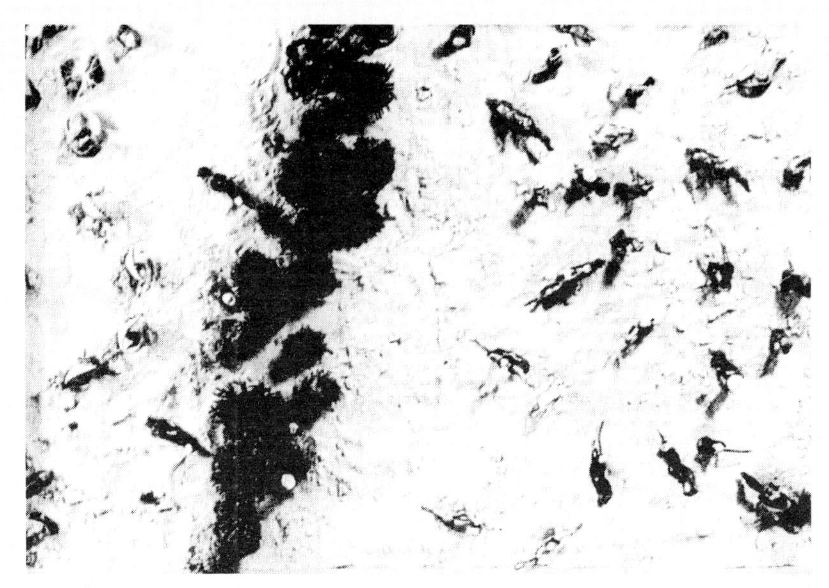

▲ 그림 26

에 등장하였다. 이전에는 단단한 보호벽이 지어졌던 곳에 작지만 밝은 숲이 풍경을 가로질러 있었다. 내 눈을 의심할 정도로 그 왼쪽으로 네 명의 인디언 여성들이 어린아이들을 팔에 안은 채 불 주위에 앉아 있었다. 원형적인 가족 형태가 살아 움직이게 되었다. 유아기 초기에 파괴된 것이 다시 결합하기 시작하였다. 수년간 부정적으로 발달하였고, 사각탁자를 부수는 상징적 행위로 사라져야 했던 것이 이제 실제로 놀라운 방법으로 현현되었다.

같은 쪽에 깃털 장식을 잔뜩 한 네 명의 인디언들을 토템 기둥 앞에 세웠다. 숲의 다른 쪽에서는 카우보이와 인디언들의 싸움이 진행되고 있었다. 토템 앞에 있는 인디언들이 무엇을 나타내는지 물어보자 그는 이렇게 답하였다. “기도를 해서 전투가 그들에게 유리하게 되도록 하는 거예요.” 이 그림에서 융이 자기라고 부르는 것이 주제라는 것을 의심할 필요가 없어졌다. 네 명의 어머니들은 좋은 의미에서 유아적인 전체성을 상징적으로 표현한 것으로서, 이 소년에게 일어나고 있는 변환을 보여 주고 있다. 그가 그때까지 처해 있던 끝없는 불안정감은 이제 온전한 가족에서 내적인 안정감으로 변할 것이다. 이러한 행복한 전환에 나는 깊이 감동하였다. 나의 경험에 의하면 그러한 전환과 현현은 항상 누미노즘 Numinosum 신성감 으로 체험된다. 이것은 기도하는 인디언으로 다시 입증되었다. 삶은, 특히 청소년기에서는 전쟁으로 여겨지는데, 이 전쟁이 신성감에서 오는 깊은 안정감을 기반으로 치러지면, 전쟁은 인격을 발달시키고 강화시킨다.

일주일 후 모래그림은 지난번과 비슷한 느낌의 것이었지만 좀 더 심화되어 있었다(그림 27). 네 명의 인디언 여자가 앉았던 곳에 이번에는 평화의 피리를 입에 물고 있는 여덟 명의 인디언 피규어가 불 주위에 원을 이루어 앉아 있었다. 인디언 여자들은 요리를 하기도 하고, 아이를 안고 앉아 있기도 하였다. 여기 중심 잡는 것 Zentrierung 이 이루어졌다. 숫자 4가 전체성으로 대부분의 문화 안에서 땅과 연관되어 있고, 아울러 현실 상황을 가리키는 반면, 원은 전체성의 상징으

▲ 그림 27

로서 하늘을 의미하고 영적인 것을 가리킨다.

내가 이해하기로는, 많은 형태가 있지만 가장 인상적으로는 원으로 표현되는 자기의 현현은 건강한 자아-발달과 내재하는 인격 요소 발전의 시발점이 되고, 지금 소년의 건강한 발달을 보장하는 듯하다. 그들의 첫 징후는 새로 태어난 아이와 같이 보호와 보살핌이 필요하기 때문에 이런 순간에 아동의 치료를 마치는 것은 잘못된 것이다. 전에는 불안으로 막혀 있었고, 공격성으로 체험되었던 발달의 가능성이 풀려났으니, 이제 우선 관리되어야 한다. 그러면 풀지 못할 것으로 보인 과제나 표현할 길을 찾지 못했던 소질이 갑자기 쉽게 불붙기 시작할 수 있다.

소년 안에 깨어난 많은 에너지를 두 개의 모래상자를 사용한 하나의 그림 속에 담았다(그림 28). 자동차 경주를 표현하였는데, 자신이 좋아하는 차가 선두를 달리고 있었다. 강력한 모터가 있는 경주용차는 이제는 단단하고 정렬된 길에 안전하게 움직이는, 사용 가능하게 된 에너지를 드러낸다. 에너지가 넘칠 경우를 대비하여 불자동차, 적십자, 이송용 차가 준비되어 있다. 첫 그림(그림 23)에서 추락한 비행기가 놓여 있던 곳, 그리고 위로받을 수 없는 상황을 보여 주던 곳에 이제는 헬리콥터가 날기 위해 준비하고 있다. 이제 실제로 킴은 세 개의 심리적 단계를 거쳐 갔다. 첫 그림에서 왼쪽에 약한 대포를 세 개 놓았던 것이 이 단계들을 암시했다고 가정할 수 있다.

공격성의 표현

자기의 현현

에너지 원천의 긍정적인 사용

목표, 즉 그가 도달해야 하는 그의 왕국은 이제 곧 실현될 것이다.

킴은 건설적인 일에 기쁨을 얻고, 친구들도 생겼으며, 아버지에게는 좋은 동지가 되고, 동시에 학교에서 자기주장도 하기 시작했다.

▲ 그림 28

6년이 지난, 치료가 끝난 지 오래된 오늘, 그는 곧 대학입학 자격시험을 치른다. 이제 치료의 시작 시기에는 답을 찾기 힘들었던 질문에 스스로 대답할 수 있을 것이다.

3

다니엘라

너무 강한 모성 결속으로부터의 해방

다니엘라
너무 강한 모성 결속으로부터의 해방

어머니는 열두 살짜리 다니엘라가 수줍어하고 소심하다고 했다. 어머니 없이는 어디든 가려는 용기가 부족하다고 말했다. 그녀는 혼자서 할머니 댁에서도 잘 수 없었다. 관계를 맺는 것도 어려웠다. 그렇게 아주 고독한 아이였다. 학교 선생님은 다니엘라가 어떤 일에도 관심을 보이지 않는 것을 못마땅해 했다. 다니엘라는 나이에 비해 키도 크고 신체적으로 성장이 빨랐지만, 수동적인 자세의 여학생이라는 인상을 주고, 그녀가 속한 김나지움의 학년에는 어울리지 않아 보였다. 부모는 아이를 좀 더 쉬운 반으로 보내라는 학교의 제안을 달갑지 않게 받아들이고는 그 아이를 주의깊게 살펴봐 줄 것을 내게 부탁했다.

다니엘라는 모래 피규어들을 가지고 놀아 보라는 나의 제안을 기꺼이 받아들였다(그림 29). 그녀는 울타리를 친 들판에 소들을 놓는 것으로 시작하였는데, 소들이 풀을 뜯고 있다고 하였다. 그 앞에는 발을 모래 깊숙이 파묻고 있는 두 마리의 말이 이끄는 마차가 서 있었다. 바로 말 앞에 있는 길은 맞은편에 있는 여관까지 이어져 있었다. 한 남성이 여관으로 간다. 가로수 아래에는 편안하게 쉴 수 있는 벤치가 하나 있었다.

나는 다니엘라의 삶의 마차가 정체되어 있는 것을 분명하게 알아차렸다. 말들은 앞으로 나아가기 힘들어했다. 그들의 발은 풀을 뜯는 소들이 자리한 어머니 영역의 근처에 머물러 있었다. 모든 방문객에게 열려 있는 집인 여관으로 나타낸 세상으로 가는 길이 멀고 피곤하게 보였다. 이것이 왼쪽으로 마주보고 있는 구석에 놓여 있는 것으로 보아 그녀가 적절한 발달을 체험할 수 있기 위해서는 무의식, 이른바 자신의 원천과 접촉되어야 한다는 것을 암시하였다. 여관 옆에는 집안의 세계를 상징하는 엄마와는 반대로 외부 세계로의 관계를 표현

▲ 그림 29

하는 남성적 피규어가 있었다.

다니엘라는 아주 내향적인 인상을 주었지만 첫 시간에 이미 그녀가 나의 곁에서 편안해하는 것을 느꼈다. 그래서 아이에게 단기 치료를 받게 하도록 부모에게 권유했다. 그녀의 수줍음을 없애는 시도를 하고 싶었다.

두 번째 시간에 다니엘라는 뱀이 나오는 잊지 못할 '소름끼치는' 꿈 이야기를 했다. 두려움의 대상을 표현하다 보면 그 힘을 잃기 때문에, 나는 그녀에게 그 뱀을 스케치하거나 그림을 그려 보라고 했다. 그녀는 즉시 자신 있게 그리기 시작했고, 곧 여덟 마리의 뱀이 풀밭위에 흩어져 있었다. 그림은 가지각색의 수채화 물감으로 그려졌다. 풀밭은 촉촉한 녹색이고 꽃들이 피어 있었다. 다니엘라 자신도 그림이 즐거운 인상을 준다고 생각했다. 그중 똬리를 튼 발 없는 도마뱀만 회색이었다. 그녀는 자신의 전혀 발달하지 않은, 색이 없는 본질의 측면, 아직 무의식 속에 놓여 있는 문제를 표현하고자 했다. 뱀은 어른으로의 변환과정이 심화된 경우, 사춘기에 자주 등장한다. 뱀이 껍질을 벗는 것은 무의식에서 준비되고 있는 신생 을 의미한다. 그것은 생의 비밀을 불러 일깨운다. 열두 살 소녀에게 똬리를 틀고 있는 뱀은 완전히 발달되지 않은 여성적 측면을 나타낼 수도 있다.

나는 아이에게는 꿈과 모래그림을 의식 차원에서 해석하는 시도를 해본다. 그래서 다니엘라에게 교과목의 수를 물었다. 놀랍게도 여덟 개라고 대답하였다. 모든 과목은 그런대로 잘하고 있는데 유독 수학에서 많이 처진다고 하였다. 여덟 마리의 뱀 중에서 유일하게 똬리를 틀고 있는 뱀이 싫어하는 과목을 나타낸 것이다. 이제부터 가장 많이 관심을 기울여야 한다. 이로써 그 꿈은 위협적인 측면을 잃은 것이다.

두 번째 모래그림은 교차로에서 차가 밀려 있는 것을 표현했다(그림 30). 네 방향에서 차들이 교차로로 향하고 있다. 거리는 좁고 통과하는 것이 불가능해 보인다. 교차지점에 있는 구급차만 어디든지 갈 수 있다고 그녀는 말했다.

왼쪽에서부터 가로수가 양쪽으로 늘어선 길을 가장 많은 수의 자동차가 줄 지어 가고 있는 것이 눈에 띄었다. 이미 무의식 속에 정체된 에너지가 움직이기 시작했다는 것을 예측할 수 있다. 이 생각은

▲ 그림 30

그림의 왼쪽 아래 놓인 주유소를 통해 강조되었다. 여기서 엔진에 필요한 에너지가 공급된다.

이 그림(그림 30)에 나타난 것은, 아이가 수동성을 극복하고 몰려오는 에너지를 치료로 정리하고 훈련시키게 되리라는 희망을 불러일으켰다.

세 번째 그림에서 삶의 에너지가 실제로 흐르기 시작한 것을 알 수 있었다(그림 31). 넓게 흐르는 물줄기가 자연 속을 가로지르고 있었다. 차가 달릴 수 있는 다리가 양쪽 강변을 연결하고 있다. 왼쪽에는 여관이 있고 이곳으로 차들이 다닐 수 있다.

정원에서 큰 돌을 가지고 와서 강 속에 넣었다. 흐르는 물의 위치가 이미 그녀 안에 막혀 있던 것이 풀리기 시작했다는 것을 알려 주

▲ 그림 31

었지만, 여전히 그 돌은 아직 극복해야 할 장애를 의미한다. 다른 한편, 이러한 표현은 물에 대한 중국의 한 글을 연상시킨다. 주역에 다음과 같은 글이 있다. "물은 쉬지 않고 흘러서 목표에 도달한다. 물은 흐르고 아무 곳에도 쌓이지 않는다. 위험한 곳에서도 그 성질을 잃지 않고 계속 흐른다."[1]

이것이 미래에 대한 신뢰를 주었다. 다니엘라의 일상이 활기를 띠게 되었다. 그녀는 가끔 친구들을 만났고 그들을 집으로 초대했다. 그녀는 손으로 하는 작업에 기쁨을 느끼며, 그림을 그리고 스케치하는 것을 즐겼고 재능도 있는 듯했다.

네 번째 그림에서는 서커스를 표현하였다(그림 32). 전체 공간이 여섯 개의 사각형으로 나누어졌다. 각 칸에 하나씩 공연이 있었다. 위 왼쪽 칸에서 호랑이와 사자가 기술을 보여 주고 있다. 호랑이 한 마리가 무대를 떠나고 있고 사자가 무대 위로 올라서려고 한다. 그 옆 칸에는 맹수조련사가 코끼리 네 마리를 훈련시키고 있다. 위 오른쪽 칸에는 다섯 명의 발레무용수들이 원을 그리고 있다. 아래 왼쪽 칸에는 흰 말들이 중앙에 서 있는 말 주변을 돌고 있다. 그 옆 칸에는 로마의 전차가 있고, 마지막 칸에는 광대가 익살을 보이고 있다. 맨 아래에는 구경꾼을 위한 벤치가 놓여 있다. 사각형 안 여러 가지 표현은 중

---

1 Ross, N. W. *I Ging, Das Buch der Wandlungen*, Wilhelm, R. 번역 및 주해 Eugen Diederichs, Düsseldorf/Köln, 1923.

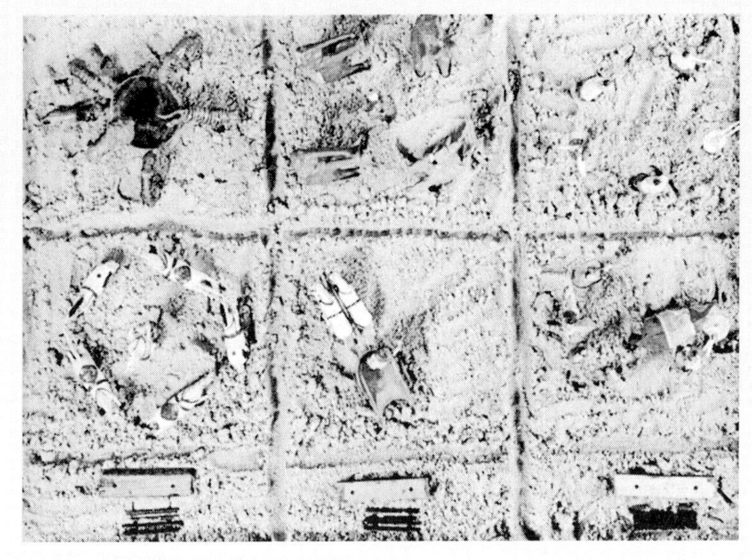

▲ 그림 32

심을 잡는 것을 보여 주거나 치르쿰암블라치오를 나타낸다.

사자와 함께 등장하는 호랑이는 사자의 여성적 그림자 측면으로 간주되어야 한다. 호랑이, 라틴어로 'Tigris'는 여성으로, 어두운 여성성을 상징한다. 동물의 왕으로서의 사자는 누런 가죽으로 태양을 상징하고 의식의 불이 들어오는 것을 가리킨다. 그의 생동력은 의식화될 준비를 갖춘 에너지를 상징한다. 호랑이가 중심 무대에서 내려오고 사자가 오르려고 하는 것에서, 우리는 아동의 발달에 그때까지는 잠자고 있던 생명력을 일깨우는 변환이 일어나고 있다는 가정할 수 있다. 생명력은 그 옆 칸에 힘과 명석함을 상징하는 코끼리로 표현되기도 한다.

무용수의 원무[illegible]는 그녀의 진정한 여성성을 말해 준다. 발터 오토Walter F. Otto는 "춤은 원래 깊은 감동Ergriffenheit의 자발적인 표현이다. 감동을 주는 자와 감동을 받는 자는 하나가 된다."[2]라고 말했다. 춤추는 사람은 자기 자신의 본질의 화신化身이 되며, 신성神性이 그 안에서 펼쳐진다. 여기에서 여성성 이상의 것이 다루어지고 있다. 모든 인간 안에 내재하는 신적인 것과의 접촉에 관한 것이다. 원은 항상 신적인 것과 관련되는 아주 커다란 체험의 표현이다. 열두 살 아이는 여기서 말로 표현하기 어려운 깊은 내적 체험을 표현하고자 했다.

말은 본능이 뛰어난 동물이며, 사람을 '태우고 가는' 모성적인 측면이 있다. 흰 말은 하늘의 말天馬이다. 그들은 신과 가깝다. 그래서 중심에 뒷다리로 서 있는 말 한 마리 주변을 흰 말들이 원을 그리며 움직이는 것은, 아직은 무의식적이지만 종교적 움직임이 그녀 안에 있는 것을 말해 준다.

로마의 전투차는 서커스Zirkus의 원래 의미를 생각나게 한다. 'κιρκος'는 그리스어로 원을 의미한다. 여기에도 원으로 움직이는 것이 암시되었다.

광대는 흥을 돋우는 자이며, 모든 기술적인 훈련에 대한 기본적인 지식을 갖고 있다. 그의 익살 뒤에는 모든 이에게 해당되고 개개인이 알아야 하는 깊은 지혜가 숨어 있다. 그 속에 인격 발달이 암시되어 있을 것이다. 보통의 경우 이것은 내적인 평안감In-sich-Ruhen의 시기를

---

2 Otto, W. F. *Menschengestalt und Tanz*, Hermann Rinn, München, 1956.

지나면 나타난다. 그녀는 이것을 중심을 도는 원의 움직임을 통해서 분명히 표현하였다.

이 가정이 옳았다는 것은 몇 주 후에 그린 다음 그림이 보여 주었다. 그사이 다니엘라는 학교 수업에 부지런히 참석했고 흥미를 보였으며, 그녀의 학업성적은 훨씬 더 높이 평가되었다.

그림 33은 여성 다섯 명이 마을의 우물에서 물을 길어 오는 모습이었다(우물: 작은 숲의 위쪽에 커다란 지붕). 왼쪽 밖에는 남성이 한 명 서 있고, 다리 위로 근처의 마을로 향하는 길이 나 있다.

누미노제 체험을 추측하게 하는 원을 그리는 다섯 무용수들(그림 32)과 반대로 이 여성들은 일상적인 일을 하고 있다. 여기서는 자연적인 여성성이 표현되었다. 가족에게 음식을 주고 그들이 잘 지내도

▲ 그림 33

록 보살피는 여성들이다. 이것은 소녀가 여성으로 변하고 자아가 강화되는 단계다.

첫 그림(그림 29)에서 예후로 암시되었듯이, 여기에서 열두 살의 소녀는 무의식의 근원에 도달하였다. 그것은 이제 표면으로 드러난 지금까지 숨겨져 있던 그녀의 자연의 원천이다. 우물에서 물을 길어 오는 작업은 물고기를 낚는 것과 같이 상징적인 행동이다. 이를 통해서 무의식 속 깊은 내용을 밝은 세상으로 불러내는 것이다.

조금 떨어져 서 있는 남성 피규어는 인격의 형성에 중요한 그녀의 남성적인 측면으로 간주될 수 있다. 나는 자주 인간 안에 '다른 본질적인 측면' 이, 중심으로 가는 것의 체험 이후 긍정적으로 작용하는 것을 관찰하였다. 그런 후에야 집단적인 것, 외부 세계와의 관계가 형성될 수 있다.

다니엘라는 이제 학교문제가 해결되고, 어머니와의 관계가 자유로워진 후, 그림 그리기에 몰두하였다. 자라나는 소녀가 점점 더 외부 세계로 향한다는 것을 말해 주듯 포스터를 완성하였다.

마지막 모래그림(그림 34)은 부모의 집에서 나올 준비가 되었다는 것을 알려 주었다. 비행장에는 비행기가 이륙할 준비를 하고 있고, 항구의 선박들은 출항할 준비가 되어 있으며, 우편마차와 자동차는 곧 출발하려 하고 기차는 움직이려 하고 있다. 이 모두가 물로, 땅으로, 하늘로, 사방으로 탐색을 떠날 준비가 되어 있다.

▲ 그림 34

4

크리스티안

야뇨증의 치유

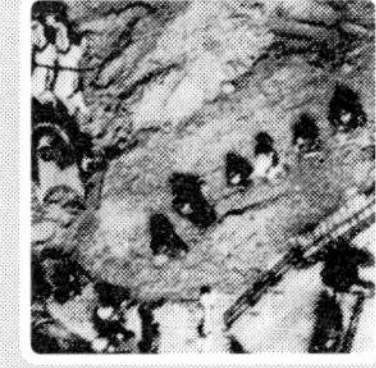

크리스티안
야뇨증의 치유

일반적으로 야뇨증은 치유가 어렵고, 특히 야뇨를 할 나이가 훨씬 지난 경우 더 그렇다.

그래서 열두 살 소년이 방학 동안 야뇨를 멈출 수 있는지 먼 도시에 사는 어머니가 전화로 문의해 왔을 때 무척 난처하였다. 너무 간곡하게 부탁을 하여 소년을 데리고 오도록 하였다. 문제의 원인을 알고 싶기도 하여 소년은 나의 치료실 근처에 있는 친척집에서 방학 동안 머물기로 했다. 그는 초등학교 6학년이었고 모범생이었다. 관대한 아버지와는 반대로 어머니는 권위적이었다. 그는 어머니와 함께 있으면 좀 부자연스러운 인상을 주었다. 그러다가 우리가 함께 놀이방으로 들어갔을 때는 곧 자유롭게 보였다.

나는 최대한 빨리 진단을 내리고, 가능하면 예후 판정까지 하고 싶은 마음에 나의 치료진행 순서에는 어긋나지만, 소년에게 우선 피규어를 사용해서 모래그림을 만들어 보라고 했다. 그는 이 제안에 흥미를 보이면서도 그런 것이 야뇨증을 치료할 수 있는지 약간 의심하면서 모래상자로 다가갔다. 피규어를 바라보는 동안 그는 말이 많아지면서 야뇨증 때문에 고생이 심하다는 이야기를 하였다. 의사와 상담을 했지만 어떤 수단도 도움이 되지 않았다. 더욱이 제때 그를 깨우는 복잡한 알람장치도 소용이 없었다.

걱정스러운 표정으로 자신의 고민을 털어놓을 때, 나는 너무나 안타까웠다. 그는 머리를 가로저으며 놀이가 도움이 되는 것인지 이해하지 못하겠다고 하였다. 나의 오랜 연구를 근거로, 경우에 따라서는 그의 문제의 원인을 알아내어 도울 수 있을 것이라고 설명해 주었다. 우리가 알지 못하는 많은 것들이 우리 안에 있어서 '좋은 아이디어'로 떠오르면 많은 도움을 받을 수 있고, '나쁜 아이디어' 로 떠오르면 방해물로 작용한다는 것을 자주 경험한다고, 그가 이해하기 쉽도록 말해 주려고 애썼다.

그는 나의 말에 대해서 곰곰이 생각하면서 나를 보았고, 몇 개의 피규어를 찾기 시작하였다(그림 35). 모래 안에 손으로 일종의 타원을 그렸다. 그러고 나서 로마 병정과 십자군 기사들로 가득 채우더니 그들이 서로 싸운다고 말했다. 타원을 높은 울타리를 쳐 나누었다. 안

▲ 그림 35

쪽의 사람들은 밖의 다른 군인들에게 총을 맞고 있었다. 부상병은 들것에 실려 나갔다. 전쟁과는 관련 없이 영국 군인들이 그 옆에 서 있었다. 그들이 평화를 가져올 것이라고 그가 말했다. 상자의 위쪽 중앙에 그는 펠리칸을 놓았다.

그림을 통해서 소년의 내면피원형 안에서 상반되는 에너지가 싸우고 있는 것을 알 수 있었고, 이것이 불안감을 주었으며, 그는 외부로부터 위협을 받고 있다고 느꼈다. 그는 자신을 전쟁에서 상처를 입고 싸움을 포기해야 하는 부상병들것에 있는 군인으로 생각했다. 그럼에도 불구하고 크리스티안의 말대로 영국 군인들이 평화를 가져올 것이기 때문에 상황은 희망이 보였다. 그는 왜 영국 군인이 평화를 가져오는지는 말하지 못했고, 단지 그들이 "내 맘에 든다."라고만 하였다.

그래서 영국인에 대한 일반적인 의미에만 의존할 수밖에 없었다. 영국인의 성격은 섬이라는 점과 사회적인 관계에서의 견고함이라는 특징을 가진다. 영국인은 자기가 확고하고 균형이 잡혀 있다. 영국인은 또한 신사Gentleman와 페어 플레이fair play라는 개념으로 세계적으로 유명하다. 이것은 학교에서 지식을 전달하는 것 외에 커다란 비중을 차지하는 인성교육의 결과다. 그래서 소년은 내적인 안정성을 그리워하는 것이라고 가정해 볼 수 있다. 그렇다면 이 일을 모두 감시하는 펠리칸은 어떻게 해석해야 할까?

펠리칸은 모성애의 상징이다. 전설에 의하면 자신의 가슴을 찢어 피를 내 새끼를 양육한다. 소년은 무의식적으로 자신의 내면의 평화를 '어머니-아이 일체감'의 보호로 기대하는 것일까? 모든 것이 어머니의 문제로 귀결되었다. 어머니는 아들 넷의 교육을 완전히 혼자 도맡았다고 말했다. 아버지는 일에만 몰두해서, 짧은 시간이지만 아이들과 함께 있는 동안 그들의 버릇만 나빠지게 하기 때문에 어머니가 아이들에게 질서와 절도교육을 하였다.

다음 날 크리스티안이 모래에 만든 장면은 문제를 더 확실히 보여주었다(그림 36). 그것은 서커스 장면이었다. 원형경기장에는 조련사가 네 마리의 잘 길들여진 호랑이들과 있었다. 서커스 공연에 전혀 어울리지 않게 중앙에는 네 방향으로 뻗은 조명이 있었다. 관중이 원

▲ 그림 36

으로 둘러서 있었고, 왼쪽에는 예술가와 광대와 로마의 전차가 다음 출연순서를 기다리고 있었다.

가정에서 아버지의 역할을 떠맡아 충실하고 엄격하게 교육을 실시하는 어머니를, 크리스티안은 조련사로 느끼고 있는 것이 이제 분명해 보였다. 의무에만 충실한 어머니 곁에서 그는 따뜻함의 결핍을 느꼈다.

그래서 완전히 그에게 몰입하기로 하였다. 그는 눈에 띄게 기분이 좋아지기 시작했다. 그는 공작에 흥미를 느꼈고, 크리스마스가 다가오자 이 작업을 크리스마스 선물을 만드는 기회로 삼았다. 찰흙으로 열쇠를 잘 만든 다음 그림을 그려 넣으려 했다. 그는 즐거워 하며 생기를 되찾아 갔다. 나는 그가 자신의 문제를 무의식적으로 알려 준 두 개의 그림이 그를 아주 자유롭게 하는 것을 보고 행복했다. 그는 두 번의 오전 회기에서 공작을 한 후, 모래에 그림을 만들었다.

이번 그림은 완전히 그 성격이 달랐다(그림 37). 극도로 조심스럽게 넓은 길을 만들고 지하도를 만들었다. 이것은 아주 큰 어려움을 수반하였는데, 우선 긴 나무 구조물을 배치한 다음 그 위에 모래를 놓아 단단한 길을 만들었다. 양 방향으로 활기차게 차들이 다니고, 중앙에는 잘 보일 수 있게 선을 그어 정리하였다. 길 아래 차로도 활기찼고, 경찰은 교통정리를 하고 있었다. 이것은 첫 그림에 나타난 공격적인 힘이 길을 찾아 정리되어 가면서 공격성을 잃은 것을 나타내고 있다.

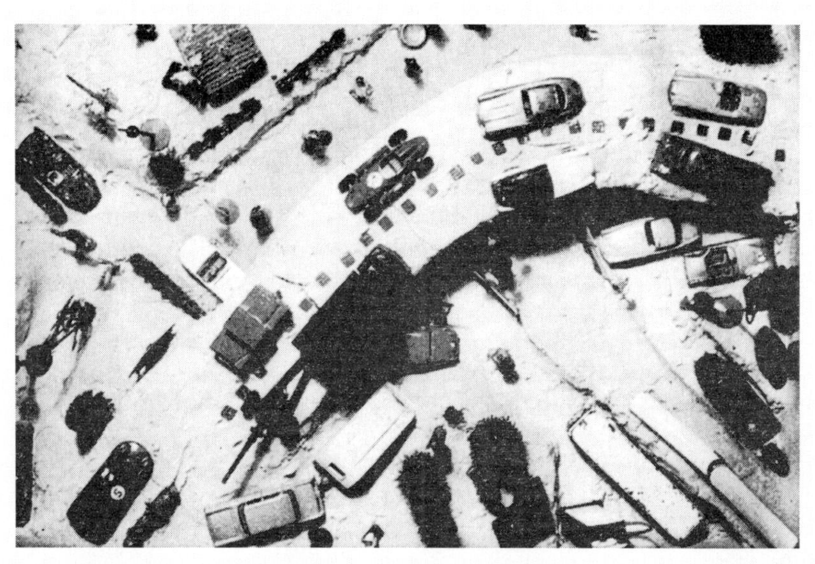

▲ 그림 37

첫 그림에 펠리칸을 놓았던 곳에, 이 그림에서는 마주보고 있는 쪽이기는 하지만 간호사가 있었다. 크리스티안은 자신이 여기서 완전히 받아들여졌고, 그래서 이제 치유적인 영향을 끼치기 시작한 양육하는 어머니의 보호 속에 있는 것으로 느꼈다.

다음 날에는 다시 공작에 열중하였다. 자기 남동생에게 줄 작은 비행기를 만드는 데 몰두하다가 갑자기 말했다. "칼프 선생님, 당신은 의사보다 더 훌륭하시네요." "무슨 뜻이니?"라고 내가 물었다. "이틀 동안 밤에 오줌을 싸지 않았어요." 나는 그와 함께 진심으로 기뻐했고 그 상태가 지속되기를 조용히 희망하였다. 놀이가 알약—그가 의사의 도움으로 이해한—처럼 도움이 될까 하는 의심은 사라졌다. 치료의 성공을 암시하는 것 같았고 크리스티안과 함께 학교 선생님에게 방학을 좀 더 연장해 줄 것을 부탁해 볼지에 대해 의논하였다. 그는 이 계획을 아주 좋아했고, 8일간의 방학을 더 얻었다. 크리스티안은 매일 방문하여 계속 크리스마스 선물을 만들었다. 그는 형제들과 부모 모두를 위해 무엇인가 만들려고 했다. 야뇨증에 대해서는 전혀 말하지 않았다. 그러다가 어느 날 머리를 저으면서 "정말이에요. 당신은 의사보다 훨씬 나아요." 침대는 다시 젖지 않았다. 이제 그가 부모와 형제들에 대해서 말할 때는 애착감을 느낄 수 있었다. 모두에게 크리스마스 때 기쁨을 안겨 주려고 했다. 그는 설날 이후에 친구들과 스키 캠프에 갈 수 있다면 더할 나위 없이 좋겠다는 희망을 가졌다. 이제까지는 질환[야뇨증] 때문에 항상 집에만 머물러 있었던 것이다.

그는 더 이상 방학을 연장할 수 없었고, 마지막 날이 되었다. 그날 모래에 그림을 만들도록 했는데, 다시 서커스 장면을 꾸몄다(그림 38). 이번에는 원형경기장에서 영국인들이 공연을 하고 있었다.

그들은 크리스티안의 내적인 평화를 의미한다. 그렇게 짧은 기간에 내적인 변환이 이루어지는 것을 나도 믿을 수 없었다. 갑자기 신뢰관계가 중단되면 증상이 재발할 수 있기 때문에, 나는 크리스티안에게 당분간 전화 연락을 계속하자고 제안하였다. 헤어질 때

▲ 그림 38

그는 다시 내게 귓속말을 하였다. “당신은 정말 의사보다 훌륭해요!”

우리는 얼마간 매주 전화 통화를 하였다. 점점 통화 횟수가 줄어들다가 마침내 완전히 하지 않게 되었다.

5

제임스

외향적 어머니와의 동일시로 인한 본능의 상실

제임스
외향적 어머니와의 동일시로 인한 본능의 상실

열여섯 살의 제임스는 나이에 비해 키가 매우 컸다. 그의 어깨는 성인 남성처럼 넓었고 태도도 어른과 같았다. 그는 줄담배를 피웠고, 아주 활기 있게 대화하였다. 그의 삶의 신조는 혼자 있는 일이 없도록 가능한 한 친구를 많이 사귀는 것이었다. 그는 다섯 아이 중의 둘째였다. 그의 가족은 모두 미국에서 유럽으로 1년간의 이민 생활을 해 왔고, 아이들은 완전히 새로운 다른 대륙의 사람들과 문화를 가까이 접하게 하기 위해 독일어로 교육하는 학교에 진학했다. 미국에서 학습과 집중에 어려움이 있었고, 아주 어렵게 고등학교 과제를 할 수 있었던 제임스가 외국어학교에서 실패하리라는 것은 예견된 일이었다. 더욱이 그의 영어는 동년배 수준에 미치지 못했고, 그가 후에 대학에 진학할 가능성은 없어 보였다. 이런 이유로 그의 부모는 유럽에 머무는 초기에 그를 나의 곁에서 지낼 수 있게 해달라고 부탁했다.

첫날 이미 소년을 지배하고 있는 커다란 불안이 표출되었다. 그는 혼자 있지 못했고 무엇인가 할 수도 없었다. 그림 잡지조차도 아주 급히 넘기기만 하였다. 그래서 밖으로 나돌게 되었다. 거의 매일 그는 극장에 가거나 다른 소년들과 함께 카페에서 머물고 있었다. '집에 있는 것' 은 그에게 고문이었다. 그럼에도 불구하고 이 외향성이 진짜가 아닌 것이 금방 보였다. 말을 할 때의 제스처는 그가 의지할 바가 없음을 보여 주었고, 걸음걸이는 겉보기에는 유연했지만 무거웠다. 발이 바닥에 붙어서 땅에 의지하려는 것 같았다. 어른처럼 보이는 겉모습 뒤에 감추어진 진실은 무엇일까?

치료 초기에 곧 자연의 풍경을 담은 모래그림이 만들어졌다(그림 39). 거위와 닭, 그리고 어미돼지와 새끼돼지들이 함께 있는 농장, 새로 갈아 놓은 밭에 씨를 뿌리는 농부, 울타리 안에 말 두 마리—흰말과 검은말, 꽃이 핀 나무들과 풀을 뜯는 소들이 있었다. 작은 강이 지형을 따라 흐르다가 왼쪽에 있는 호수로 흘러 들어갔다. 이 모두가 함께 아주 평화로운 인상을 주었고, 나는 이 소년이 자연과 더불어 친하게 지내는 생활에 대한 그리움을 표현하는 것이 아닌지 자문해 보았다.

▲ 그림 39

이 모래그림에서는 두 가지가 눈에 띄었다. 소가 풀을 뜯고 있는 들판에, 푸르고 싱싱한 나무와 그 옆에 잎이 없어 앙상한 작은 나무가 있었고, 그 위에 까마귀 두 마리가 앉아 있었다. 우유를 주는 모성적 동물로서의 소는 이미 여러 옛 문화에서—메소포타미아, 이집트, 중국 그리고 인도에서는 오늘날까지도—양육하는 어머니를 상징한다. 따라서 그림 속에 풀을 뜯고 있는 소들의 주변은 곧 모성적 영역으로 이해할 수 있다.

나뭇잎이 없는 나무가 풀을 뜯고 있는 소의 주변에 있었기 때문에 나는 아이-어머니 관계에 무엇인가 장애가 있다는 가설을 세울 수 있겠다고 생각했다. 그에 따라 나는 제임스의 어머니에게 한 살 때

소년에게 영향을 줄만한 어떤 사건이나 심각한 병이 있었는지를 물어보았다. 그러자 그녀는 다음과 같은 기억을 떠올렸다.

제임스가 생후 9개월이 되었을 때 기관지염을 앓았고 흡입법으로 치료를 하였다. 그때 기계를 조심스럽게 다루지 않아서 요람에 불이 붙었다. 다행히도 아이는 큰 부상을 입지 않았지만 이마에 작은 흉터가 남았다. 나는 이 사건이 제임스에게 충격을 주었다고 보았다. 그래서 보통의 경우 그 나이 또래의 여린 아이들은 완전히 어머니-아이 일체감 속에서 사는데, 이 관계를 방해할 정도로 큰 영향을 주었다는 가설을 세웠다. 아직 완전히 무의식적으로 살고 있는 제임스의 발달에 영향을 주었을 가능성이 있다. 하지만 이 가설을 뒷받침해 줄 수 있는 것이 더 발견되어야 했다.

모래그림에서 두 번째로 눈에 띄는 것은 울타리 안에 완전히 갇혀 있는 두 마리의 말이었다. 이 울타리는 뚫린 곳도 없고 문도 없었다.

말의 상징은 다양한 차원과 여러 측면에서 바라보아야 한다. 말은 우선 본능의 영역을 의미한다. 이 차원에서 말은 기마騎馬와 기마자騎馬者 관계로 인간과 밀접하게 결합되어 있다. 민담에서는 길 잃은 공주를 집으로 데려다 주며, 귀가 밝고 보는 능력이 뛰어난 점이 자주 언급되고 있다. 따라서 말은 영혼의 안내자Psychopompos다. 검은 말은 바다의 신인 포세이돈에게 속해 있다. 전설에 의하면 그는 삼지창을 들고 바다를 파헤치면서 통과한다. 그리스 신화의 날개 달린 말은 페

가수스이고 그 발로 히포크레네Hyppokrene의 샘을 열었다. 그래서 무의식물을 빛으로 가져오도록 하는 능력이 있다고 본다.

말은 나아가 그 빠른 속력과 강도마력 馬力 때문에 영혼의 에너지를 의미한다. 흰말은 빛, 태양과 관련이 있으며 헬리오스Helios의 마차를 이끈다. 중국의 승려가 불경을 중국으로 옮겨 갈 때 인도로 타고 간 말의 색도 흰색이었다. 그곳에서는 그 말에게 사원이 봉헌되었다. 이런 식으로 종교와도 관련이 있다. 중국의 전통에서뿐 아니라 기독교에서도 흰말을 발견할 수 있다. 계시록 19:11에 그리스도는 흰말을 타고 지하세계에서 올라오는 두 나쁜 동물와 싸운다.

검은 말과 흰말이 농장의 나머지 부분과 격리된 채 감금된 것으로 보아, 본능이 상실된 이유는 소년의 한쪽으로 치우친 발달이라고 추측할 수 있다. 이런 상태에서 그는 학교를 다닐 수는 없었다. 그래도 나는 그가 독일어와 조금이라도 친숙해지는 것이 좋을 것 같아서 한 학생에게 과외지도를 부탁했다.

그에게 자신의 본능으로 향하는 통로를 열어 주는 시도가 가장 중요해 보였다. 그가 동물을 좋아했기 때문에 동물원에 실습생 자리가 있는지 알아보았다. 그는 다행히 규정 나이인 열여섯 살 이상이었고, 보험에 가입되어 있어야 한다는 조건도 충족하고 있었다. 그는 규칙적으로 두세 번 오후에 동물원에 갔고 원숭이 우리를 청소하였다. 일을 하고 나서 그는 동물을 관찰하였다. 이 과제가 그에게 즐거움을 준

듯했다. 점점 더 동물이 그를 알아보고 장난도 걸어 왔다. 그중 한 동물이 특히 제임스에게 다가와 애정을 보였다.

제임스의 학습 수준을 알아보기 위해서 그의 교과서를 보았다. 교과서가 상당히 찢겨 있었고, 특히 가장자리는 낙서로 가득차 있어서 수업을 지루해하는 학생이라는 인상을 주었다. 맨 마지막 장 빈 공간에는 그리스도가 십자가에 매달려 있는 작은 그림을 그려 놓았다. 남성의 모습이었으나 남성의 성기는 빠져 있었다. 제임스는 자신의 상황을 표현할 수는 없었을 것이다. 자신의 남성성을 발달시킬 수 없는 현실을 자신이 십자가에 못박힌 것으로 느꼈다.

실제로 그는 어머니와 아주 밀착되어 있었다. 그는 어머니가 가장 사랑하는 아들이었고, 완전히 어머니에게 종속되어 있어서 자신의 본질을 발달시키지 못한 상태였다. 제임스가 내게 이야기해 준 꿈은 나의 염려를 입증해 주었다. 그의 집으로 가는 길 양쪽에 악어들이 줄지어 서 있었다.

악어는 위협적이고 공격적이며, 무엇이든 삼켜 버리는 특성이 있다. 융은 동물 형태의 상징에 대해서 항상, 일반적으로 무의식에 속해 있는 것이거나 본능이 억압된 것을 알려 주는 무의식적 리비도의 현현이라고 말했다. "후자는 생명력 있는 바탕, 삶의 일반적인 법칙이다. 본능의 억압으로 시작된 후행은 끊임없이 심리적 과거로, 따라서 어린 시절에까지 도달한다. 이 시절에는 외현상으로뿐만 아니라 실제로도 어느 정도는 부모의 힘이 결정적이었다."[1]라고 했다.

소년은 '악어들'에게 공격당하고 삼켜져 버릴 위험에 처해 있다. 그들과 만나기 위해서 그는 자신의 본능 영역과 반드시 접촉하여야 했다. 동물과의 관계에서, 특히 일하고 있는 동물원에서 원숭이 '친구들'과의 관계에서, 나는 그가 무의식 속 깊은 곳에 가물거리는 에너지와 만나기를 희망하였다. 그는 그것을 알아야만 사용할 수 있다. 악어는 물과 육지에 살기 때문에 무의식과 의식 영역의 결합을 표현한다.

무엇을 해야 하고 하지 말아야 할지를 결정해 주던 아주 외향적인 어머니와 처음으로 떨어져 살았을 때, 제임스는 자신의 방향을 잡는 것이 아주 힘들었다. 그러나 곧 그는 우리 집에서 놀라울 정도로 편안해하는 것 같았고, 우리 집의 일상적인 습관에 융화되었다. 나는 그가 가능한 한 자신의 관찰을 신뢰하여 자기 자신의 느낌을 갖는 것에 가치를 두었다. 학생에게 매일 받은 과외로 그는 독일어로 대화할 정도가 되었다. 그러나 쓰는 것은 할 수 없었고, 하려고도 하지 않았다. 아주 힘들어했고, 그의 글씨는 읽을 수가 없었다. 꿈을 적거나 체험을 적으라는 요구는 마지 못해 따랐다. 그래도 그는 눈에 띄게 조

---

1 Jung, C. G. *Symbole der Wandlung*, Walter, 전집 5, 1973, p. 229.

용해지고 자신의 언어에 관심을 갖기 시작하였다.

2개월이 지난 어느 날 집에 온 제임스가 이야기하였다. "이제 동물원에서 일하지 않겠다고 동물원 관리인에게 말했어요." 그가 독자적으로 내린 결정에 적잖게 놀랐으나 그의 결정을 존중해 주었다. 이제 무엇을 할 것인지 물어보자 그가 대답하였다. "학교에 갈래요." 이것은 내게 더 놀라웠으며 그가 우선 독일어에 익숙해져야 하기 때문에 어느 학교에 갈 것인지 의논하였다. 2~3일 뒤에 그는 청강생으로 사립학교에 들어갔고, 독일어 수업을 더욱 더 열심히 계속 받았다. 이즈음 그의 상태에 예기치 않은 전환을 보여 주는 모래그림이 만들어졌다(그림 40).

▲ 그림 40

왼쪽 아래 구석에 작은 마을이 있고, 그곳으로부터 그림을 사선으로 가로지른 상당히 넓은 길이 위로 뻗어 있다. 한 소녀가 거위를 집으로 몰고 가고, 목동이 어린 양을 우리 안 울타리 친 곳으로 데려가려고 하였다. 풀을 뜯는 양들, 말 한 마리와 소 한 마리가 마을로 가고 있다. 저녁인 것이 분명했다. 한 남자와 한 여자가 당나귀 한 마리와 함께 작은 무리를 지어 마을로 가는 길을 걷고 있었다. 이 사람들이 의미하는 것이 있냐는 나의 질문에 그는 대답하였다. 마리아와 요셉이 마을로 가는 중이고, 마리아는 이제 아이를 낳을 것이라고 하였다.

이 말에 나는 깊이 감동했다. 자신으로부터 멀어지는 것만 생각하는 듯했던 제임스가 자기 자신을 찾는 길에 위치하는 것이 가능할까? 태어날 아이가 그의 새로운 상황일까? 그 자신이 '새로 태어나는' 것일까? 이미 그가 동물원의 동물 친구들에 대해서 말하는 방식이나 나와의 관계를 받아들이는 방식에서 그런 신호가 있었다. 이제 제임스가 아동기에 행해지는, 무의식 속에서 중심이 잡히는 일에 다가가고 있다는 점에 의심할 여지가 없었다.

그리스도의 탄생이 유일무이하고 역사적인 사건이라 하더라도 원형적인 성격이 있다. "그리스도는 신의 아들, 로고스, 심판자 Iudex mundi, 구원자, 모든 것을 포함하는 전체성을 띤다. 그는 목자이고 무리의 중심이다. 그는 자연인보다 더 온전하고 더 완전하다. 아이의 어른에 대한 관계, 혹은 동물[양]의 인간에 대한 관계와 같이, 그리스도에 대한 인간의 관계는 그리스도가 인간을 포함하면서도 그 이상이라는 것이다."[2]

어린 제임스는 이 그림에서 자기 자신의 내적 종교성에 접근하는 것을 표현하였다. 그의 전통에 따라, 이전에 의식적으로 심어진 적은 없지만 기독교적 성격을 띠었다. 제임스는 원형적인 어머니 형상에게 자신을 맡기려는 중이었다. 그것은 아이를 낳으러 가는 대모大母, Grossesmutter인 마리아로 모래그림 속에 표현되어 있다. 그 외에도 어린 양을 밤에 안전한 곳으로 데리고 가는 목자도 있었다. 저녁 분위기와 커다란 사건이 일어날 밤을 준비하는 것은 중요한 내향화, 무의식의 보다 깊은 층으로 내려갈 준비가 되었다는 암시다.

우선 뒤떨어지는 영어를 연습하기 위해 제임스에게 일기나 아무 이야기에 대해 매일 조금씩 글을 쓰도록 했다. 그래서 얼마 후 톨이라는 이름을 붙여 준 젊은 남성에 대한 이야기가 만들어졌다. 그는 가족을 떠나서, 칼로 무장하고 숲으로 들어간다. 그 주요 부분을 여기에 글자 그대로(즉, 번역해서) 소개하고자 한다.

---

2 Jung, C. G. *Zur Psychologie westlicher und östlicher Religion*, Walter, 전집 11, p. 169.

톨은 잠시 멈추어 서서 태양이 나무 꼭대기 위로 떠오르는 것을 보았다. 엷은 미소를 지으면서 그는 칼을 집어 들고 언덕 아래로 서서히 내려갔다. 평지에 도달해, 그는 텅 빈 벌판보다 나무 아래의 안식처가 더 좋아서 왼편으로 향했다. 그는 목이 말랐기 때문에 작은 냇가에 곧 다다르기를 바라면서 점점 빨리 걸어갔다. 반 마일쯤 가다가 톨은 갑자기 멈추어 섰다. 그러고는 방향을 바꾸어 천천히 계속 나아갔다. 다시 반 마일쯤 걷다가 갑자기 멈추어 섰다. 그는 얼굴을 살짝 찌푸리면서 조금 더 빨리 계속해서 나아갔다. 수백 미터를 더 간 후에 갑자기 멈춰 섰다. 이번에는 확신이 있었다. 가까이 사람들이 있었다. 그들의 냄새가 공중에 가득했다. 톨은 안전한 곳으로 피하기 위해 재빨리 낮게 드리워진 나뭇가지로 뛰어올라 높은 곳으로 올라갔다. 그는 남자들이 한 줄로 서서 천천히 앞으로 나아가고 있는 것을 볼 수 있었다. 그들은 톨이 있는 나무를 지나쳐 행진해 나가더니 그의 시야에서 사라져 버렸다. 그들이 사라지자마자, 톨은 나무에서 뛰어내려 반대 방향으로 내달렸다. 그는 그들의 소리와 냄새를 떨쳐 버릴 때까지 달렸다. 그는 방향을 이리저리 돌려서 그들이 사라져 간 길과 평행이 되게 걸었다. 그러고는 같은 속도로 계속 걸어서 정오가 가까워질 무렵 작은 강가에 도달하였다. 물을 마시기 위해서 잠시 멈추었다가 계속 걸었다.

그는 목을 축이기 위해 한두 번 멈춰 섰고 오전 시간은 조용히 보냈다. 정오가 되자, 그는 매우 허기가 졌다. 그래서 왼편으로 방향을 틀어 숲 속의 큰 빈터에 들어섰다. 그는 키 큰 풀 속에 서서 밝은 빛에 익숙해지는 동안, 음식을 찾기 위해 둘러보았다. 잠시 후 그는 무리와 좀 떨어져 풀을 뜯고 있는 작은 노루 한 마리를 보았다. 운이 좋게도 노루는 그가 칼을 던져 맞힐 수 있는 거리에 서있었다. 그가 다가갔을 때 노루는 아직 살아 있었으나, 그는 재빨리 노루의 목을 잘랐다. 그는 조심스럽게 살점을 뜯어서 먹기 시작했다. 배고픔이 가실 때까지 먹고 난 후, 잠을 자기 위해 풀 위에 누웠다. 그러나 잠들기 직전, 그는 항상 그렇듯 집을 생각했다.

20일 후.

잠이 들자, 톨은 꿈을 꾸기 시작했다. 동굴을 향해 난 길을 걸어 올라갔고, 아내가 동굴 입구에 앉아 일곱 살 난 아들인 루크와 놀고 있는 것을 보았다. 언덕 꼭대기에 올라, 그는 주변을 둘러보았다. 나무들이 막 초록색으로 바뀌기 시작했고, 대기에는 갓 피어난 꽃의 달콤한 향기가 감돌았다. 그는 계곡의 아래쪽에서 몸집이 큰 동물들이 두터운 덤불을 힘겹게 뚫고 이동하는 것을 보았다. 이곳이야말로 50마일 내에서 발견된 최상의 사냥터였다. 노루, 곰, 거대한 매머드 그리고 모든 종류의 새가 있었다. 과일과 물도 근처에 있었다. 그는 몸을 돌려 아직 그가 와 있다는 것을 모르는 그의 아내와 아들에게 소리쳤다. 루크가 그에게 먼저 달려와 작은 팔로 그를 얼싸안았고, 아들보다 약간 뒤에 온 아내는 눈물이 가득 고인 눈으로 그를 맞이하였다.

꿈에서 깨어나는 중에도 여전히, 톨은 그의 귀환을 기뻐하는 아내와 아들의 음성을 들을 수 있었다. 그는 마지 못해 일어났고 그의 길을 다시 가기 시작했다.

14일 후.

톨은 그날 오후 비교적 수월하게 앞으로 나아갔다. 밤의 어둠이 지상에 깔리자, 그는 잠을 잘 나무를 찾기 시작했다. 길고 힘겨운 탐색 끝에, 그는 누울 만한 오래되고 튼튼한 나무 한 그루를 찾았다. 그는 가능한 높이 올라가 굵은 나뭇가지 위에 누웠다. 누워서 잠이 들기를 청하면서, 그는 밤의 다양한 소리를 식별하기 위해 애썼다. 먹이를 찾아 날아다니는 익수룡Pterodactylus의 크고 날카로운 소리, 근처에서 자고 있는 티라노사우루스Tyrannosaurus의 꿀꿀거리는 소리, 먹이에 대한 끊임없는 추적 속에서 밤을 가로지르는 작은 동물의 소리 등이 들렸다.

그는 케즈라는 말을 찾기 위해 몇 날 몇 주를 바쳤던 것을 떠올렸다. 그는 그 말을 2주 전에 동굴 근처에서 처음 보았고, 그 후로 계속 찾아다녔다. 그러나 말이 산 너머로 사라지자 추격은 방향을 잃고 말았다. 그러자 그는 아내와 아이가 참을성 있게 자신을 기다리고 있는 집으로 돌아가야 한다는 압박감을 느꼈다.

곧 그의 생각들은 통제할 수 없이 뒤죽박죽이 되어 버렸고, 그러자 그는 잠이 들었다.

7일 후.

일찍 잠에서 깬 톨은 나무에서 내려와 나무 꼭대기 위의 아주 높은 곳에서 들려오는 새들의 소리를 들으며 햇빛 속에 서 있었다. 밤의 소리와 이른 아침의 소리는 얼마나 다른가. 아침은 새 날의 희망으로 가득 차 있는 반면, 밤은 투쟁과 힘든 노동의 소리로 가득 차 있다. 아침 기운에 충만하여 그는 세상을 향해 외치고 싶은 충동을 느꼈다. 대신, 그는 어디로 가는지 알지 못한 채 덤불 속을 한껏 내달렸다. 전혀 예기치 않았던 작은 호수에 다다랐을 때 그는 곧 그 안으로 뛰어들었다. 그는 한동안 시원한 물을 즐기다가 몸을 말리기 위해 물가에 나와 앉았다. 잠시 후, 그는 뱀 모습의 목이 달린 커다란 머리 하나가 물속에서 올라오는 것을 보았다. 그 생명체는 심호흡을 한 번 하더니 커다랗게 쉿 소리를 내면서 물속으로 다시 가라앉았다. 몸이 원기를 회복하자, 톨은 음식을 찾아 나섰다. 그는 두려워하듯 물가로 살금살금 다가갔다. 그는 자신이 원하는 물고기를 발견할 때까지 한 동안 몸을 구부리고 서서 물을 굽어보았다. 그리고 믿을 수 없는 속도로 물고기를 찾아 물속으로 뛰어들었다. 그는 세 차례 더 시도하였으나 한 마리도 잡지 못했다.

네 번째 시도 끝에 그는 상당한 크기의 물고기를 잡을 수 있었다. 그는 즉시 물고기를 나무에 쳤다. 그러고 나서 바위 위에 그것을 문질러 비늘을 벗겨 냈다. 그리고 뼈에서 살을 발라 느긋하게 세 입에 먹어치웠다. 그다음 입을 씻고, 칼을 손에 들고 길을 계속 갔다. 그 날 아침은 놀라웠다. 그가 나무줄기 사이로 달려갈 때, 인간이 마치 난쟁이처럼 느껴졌다. 낮은 부분의 가지들은 초록색의 두터운 이끼로 덮여 있는 반면, 나무들의 꼭대기 부분은 안개에 가려져 있었다. 그는 거인의 땅에 존재하는 것 같은 기분을 강하게 느꼈다.

톨이 숲을 가로지르는 동안, 다른 동물들이 그의 주위에 움직이고 있었다. 거대한 뇌룡 Prontosaurus 한 마리는 풀을 뜯고 있었다. 근처에 작은 사슴 한 마리가 나타나, 곧 늑대같이 생긴 짐승의 추격을 받았다. 익수룡은 작은 동물을 찾으면서 머리 위를 날아다녔다. 사나운 호랑이는 높은 바위에 올라서서 세상을 향해 포효하였다. 멀리서 큰 동물의 발톱에 사로잡힌 작은 동물의 마지막 비명소리가 들렸다.

이들 중 아무것도 톨이 의식적으로 지각하지 않았음에도 불구하고, 이 모든 것은 그의 무의식을 뚫고 침투해 들어왔다. 그는 큰 동물의 소리를 들으면, 그 소리가 난 쪽으로 방향을 바꾸었다. 항상 잘 맞춘 것은 아니었다. 한 번은 관목 사이를 어슬렁거리며 돌아다니다가 티라노사우루스와 마주쳤는데 운좋게도 녀석의 입안에서 찢기는 일은 일어나지 않았다.

그렇게 앞으로 나아가면서 그는 말을 포획할 수 있을까 하는 생각에만 골몰하였다. 만약 그 말을 다시 보게 된다면, 그는 자신이 단 한 번의 기회만을 가질 수 있으리라는 것을 알고 있었다. 왜냐하면 그가 실패해서 말에게 어떤 식으로든 상처를 준다면, 그 말을 다시 잡을 수 있다는 희망은 가질 수 없을 것이기 때문이다. 불현듯, 꼬리를 물고 이어지던 생각이 멈추었다. 확실한 이유는 모르겠지만 뭔가 잘못된 것이 있었다. 그가 갑자기 멈춰 섰다. 그의 눈앞에, 아침 햇살을 받아 흰빛으로 빛나며 자신의 말이 서 있었다. 말과 겨우 20피트 정도 떨어져 있었으나, 톨은 말이 자신의 존재를 알아채지 못했다고 확신했다. 말은 상당히 느리게 다가왔다. 그리고 10피트도 안 되는 거리에 접근하게 되자, 톨은 재빨리 말을 사로잡을 방법을 생각해 내려 애썼다. 그가 가장 하고 싶었던 것은 말을 울타리 같은 것에 가두는 것이었다. 그러나 그는 울타리를 만들 만한 시간적 여유가 없었다. 잠시 어떻게 해야 할지 결정할 수 없었다. 그러다가 그의 여정의 마지막 날을 되짚어 보자 울타리로 삼을 만한 작은 계곡이 떠올랐다. 그러나 어떻게 말을 계곡 쪽으로 유인해야 할까? 말 뒤에

서서, 말이 그의 냄새를 맡아 놀라게 하여 적당한 방향으로 유인할 수 있을는지도 몰랐다. 그러나 톨은 말을 겁주고 싶지 않았다. 왜냐하면 말이 놀라서 산속으로 달아날 수도 있기 때문이다.

너무나도 천천히, 아무리 작은 가지라도 밟지 않도록 최대한 조심하면서 톨은 말 뒤로 살금살금 다가갔다. 드디어 그는 말의 바로 뒤까지 다가갈 수 있었다. 조심스럽게, 그는 계속 말을 향해 다가갔다. 처음에 말은 전혀 눈치채지 못했다. 그러나 톨이 더욱 가까이 다가가자 말은 풀을 뜯던 행동을 멈추었다. 톨이 좀 더 가까이 다가갔을 때 말은 도망치기 시작했다. 이런 식으로 그는 3시간 동안 말을 뒤쫓았다. 그런 연후에야 톨은 계곡 입구를 볼 수 있었으나, 말이 계곡 안으로 들어가지 않을까 봐 두려웠다. 그렇지만 톨이 말에게 더 다가갔을 때도, 말은 자신이 이끌려 빠지게 될 덫을 무서워하는 기색이 전혀 없었다. 급작스레 말은 계곡으로 향하는 험한 오솔길로 나아갔다. 말이 계곡 안으로 들어오자마자 톨은 계곡 입구를 가로질러 나뭇가지를 던지기 시작했다. 말은 그의 것이었다.

말을 소유했으니, 톨은 말을 길들일 방법을 찾아내야 했다. 톨은 자신이 말을 함정으로 유인했기 때문에 더이상 말이 자신을 신뢰하지 않을 것임을 알고 있었다. 톨은 말의 자유를 빼앗았던 것이다. 말을 길들이기 위해, 그는 일단 자신이 친구가 되고 싶어 한다는 것을 말에게 보여 주어야만 했다. 그래서 그는 말의 신뢰를 얻기 위해 매일 아침 말에게 맛있는 것을 조금씩 가져다주었다. 처음에 케즈는 놀라서 계곡 끝까지 달아났다. 그러나 점차 톨은 케즈가 자신의 손에 들린 먹이를 받아먹을 때 케즈를 어루만질 수 있었다. 며칠이 흐르자, 톨이 휘파람을 불면 케즈가 그에게 전력 질주하여 달려왔다.

여러 날이 지나고 톨은 다음 단계를 시도하기로 했다. 그는 울타리 안으로 들어가고자 한 것이다. 어느 이른 아침 톨은 울타리 문 밑으로 기어들어가 말 옆에 섰다. 케즈는 놀라서 잠깐 멈칫하며 자신의 새 친구를 바라보고는 이내 울타리 반대편 끝으로 터벅터벅 걸어갔다. 톨은 손에 커다란 과일을 하나 쥐고서 천천히 말에게 다가가 부드럽게 말을 걸었다. 말은 도망갈지 말지 망설이면서 잠시 그대로 서 있었다. 드디어 말은 도망가지 않기로 결심했다. 그리고 톨이 자신의 목을 어루만지도록 허락했다. 이제 톨은 매일 울타리 안으로 들어갔지만 자신이 그토록 노력해서 얻은 케즈의 신뢰를 잃을지도 모른다는 두려움 때문에 결코 말의 등에 올라타려고는 하지 않았다.

몇 주가 흐르자, 톨은 이제 조만간 말에 올라타는 것을 과감히 시도해 보아야겠다고 생각했다. 그는 화창한 봄날 아침을 선택하여 평소보다 일찍 케즈에게로 갔다. 그가 가까이 다가가자마자, 말은 뭔가 평소와 다른 일이 일어나겠다는 것을 알아차렸다. 톨은 말에게 말을 걸면서 말 등에 타려고 노력하였다. 천천히 톨은 말 등에 올라탔다. 이 모든 일이 일어나는 동안 케즈는 한 치의 동요도 없이 서 있었다. 그러나 자신의 등에서 톨의 무게를 느끼자마자, 케즈는 박차고 일어서더니 톨을 떨쳐 내 버렸다. 톨은 쿵 하고 땅에 나가떨어졌다. 그는 천천히 일어나 말에게 걸어갔다. 말은 이미 저 멀리 울타리 끝으로 달아나 있었다. 그는 다시 말에게 부드럽게 말을 걸었고, 조심스레 말 등에 올라탔다. 그리고 한 번 더 톨은 내팽개쳐졌다. 의연하게 톨은 반복해서 시도했다. 그리고 시도할 때마다 말은 점점 덜 날뛰었다. 그러다가 드디어 톨은 내팽개쳐지지 않은 채 말을 타고서 울타리 주변을 돌 수 있었다. 말이 길들여진 것이다. 톨은 뛰어내려 울타리 문을 열고는 케즈를 밖으로 나가게 했다. 그가 휘파람을 불자, 케즈는 다시 돌아왔다.

이것이 바로 수세기나 계속 이어지게 된, 인간과 말 사이의 오래되고 진실한 우정의 시작이었다.

톨의 이야기에서 제임스는 자신의 내면으로의 탐험 여행을 기술하였다. 그는 외부 세계를 떠나서 초원지대와 원시림, 즉 자신의 무의식의 깊은 층으로 갔다. 그는 어떻게 인간을 피해서 가는지 아주 잘 묘사했다. 그는 그동안 혼자 있고 싶었고 그래야만 했다. 자신 안에 어떠한 에너지가 잠자고 있는지 모른 채 너무 오랫동안 밖을 향해 있었다.

한 걸음 한 걸음 그는 자신의 원시림 속의 동물과 초원지대 동물로 상징된 동물적인 본능 영역으로 다가가는 것을 기술하였다. 처음에는 사람을 피하지만 나중에는 배가 고파서 동물들과 대면해야 했다. 그는 숲에서 야생동물인 노루를 사냥하고 배고픔이 사라질 때까지 먹었다. 그것이 신화에서 자주 영혼을 상징하는 노루—부끄러워하고 달아나기 쉬운 동물, 맹수로부터 항상 달아나야 하는 것—였던 사실은, 내게 제임스가 얼마나 막강하고 공격적인 본능으로부터 위협당하고 있는가를 명백히 보여 주었다.

그는 배고픔이 사라질 때까지 먹으면서, 그만큼 위협받은 자신의 자연성을 통합하여 맹수들에게 먹히지 않은 정도로 조심할 수 있게 하였다.

나뭇가지 위에서 깊게 잠을 잔 후에는 강해져서 다음 날 작은 호수에 이른다. 그리고 아주 어렵게 물고기를 잡는다.

자신의 이전 환경의 불리하고 잡아먹히는 영향으로부터 자신을 보호하기 위해서, 그는 무의식에서 자기 자신 안의 숨겨진 것을 낚아야 한다. 그는 이미 그리스도의 탄생을 앞두고 있는 것을 표현한 모래그림에서, 자신의 새로운 탄생을 암시하였다. "물속에 사는 물고기는 아이가 태어나기 전에 물속의 물고기처럼 살기 때문에, 꿈에 나타나면 때로 태어나지 않은 어린아이를 의미한다."[3]라고 융은 『변환

---

3 Jung, C. G. *Symbole der Wandlung*, Walter, 전집 5, 1973, p. 330.

과 리비도의 상징』에서 말하고 있다.

톨이 잡아서 먹은 물고기는 제임스의 발달에 커다란 의미를 갖고 있다. 그것은 무의식의 깊은 곳에서 가져왔으며 이것을 통해서 제임스는 물고기가 육화하고 있는 내용만큼 풍요로워졌다.

물고기는 알이 많기 때문에 풍요를 상징한다. 제임스가 아직 알려지지 않은 부유함을 자신 안에 포함하고 있다고 가정해도 좋을까? 더욱이 물고기는 그리스도의 상징이다. 그리스도는 *iκθύς*(물고기를 의미하는 그리스어로, 그 알파벳은 예수 그리스도를 이룬다. *Ιησοῦς Χριστὸς θέοῦ ὑιὸς σωτηρ*)라는 이름으로 자주 불린다. 그래서 융은 물고기의 상징이 역사적인 그리스도 형상과 구원자의 원형을 안에 담고 있는 인간의 영적 본성을 연결해 주는 다리라고 하였다.

제임스는 아주 무의식적으로 자신의 무의식 아주 깊은 곳에 열리기 시작한, 자신의 상태로부터의 구원을 찾았다. 나아가 초기 유아 단계에서와 같이 **자기**가 두드러지게 나타나기 시작하는 듯했다.

그가 물고기를 잡아 제의에서처럼 먹고 나서, 주변을 둘러싸고 있는 아름다운 자연, 인간이 아주 작아 보이게 만드는 매우 큰 나무를 발견했다. 여기서 스즈키가 내게 해 준 말이 생각났다. “서양 사람은 자연을 다스리려 했지만 동양 사람은 자신을 자연의 아주 작은 부분으로 느낀다.”

이제야 처음으로 제임스는 실제로 땅에 가까워졌다. 동물들이 우거진 숲을 통과하여 조심스레 들어오고, 그는 자연 속에서 아름다운 아침을 즐기다가 갑자기 그가 잡으려 했던 말을 기억해 냈다.

오래 걸리지 않아 그는 말을 발견하였다. "아침 햇살을 받아 흰빛으로 빛나며……."

제임스가 자기 자신의 자연에 접근하면서 얻은 확신은, 말을 조심스럽게 잡은 후 길들이기 위해 충분한 인내심을 키울 수 있도록 하였다.

나는 "이것이 인간과 말 사이의 오래되고 진실한 우정의 시작이었다."라는 그의 말에 깊이 감동하였다. 이로써 새로운 탄생과 다름없는 그의 본능 영역으로의 통로가 만들어졌다.

제임스는 그의 자의적인 의견이 만들어 낸 의식의 태도가 완전히 일방적이었다는 것을 이해했고, 그것에 의해 그릇된 길로 갔음을 이해했다. 자신의 본능의 모체 안에서만 자신의 개성을 발달시킬 수 있었다.

당시 그는 나에게 다음과 같은 꿈을 이야기했다. "나는 왠지 모르게 부모님과 함께 부활절 달걀을 찾고 있었다. 특이한 것은 우리는 달걀이 아니라 선물을 발견하였다. 보통 습관과는 다르게 나는 나의 여자 형제에게 잘해 주었다. 그녀는 말과 마차를 얻었고, 마차를 타고 주변을 달리려고 하였다. 나는 그녀에게 내가 운전을 해도 좋은지 물었다. 그녀는 동의했고, 나는 그녀를 그녀의 마차에 태워 한 바퀴

돌았다."

부활절 관습의 중심은 다산의 상징인 부활절 달걀을 선물하는 것이다. 제임스에게 풍요로운 시간이 다가오는 것은 의심할 여지가 없었다.

꿈속에서 부모들이 그곳에 있기는 했지만, 줄거리에는 등장하지 않는다. 또한 제임스가 스스로 여자 형제의 마차를 직접 운전한다. 이처럼 그의 여자 형제가 마차에 앉아 있는 것은 모성의 아니마상像이 뒷전으로 물러나고, 여자 형제의 아니마상, 더 젊은 아니마상이 의미를 갖는 것을 내게 보여 주었다. 새로운 삶의 원천은 이제 여자 형제다. 『심리학과 연금술』에서 융은 이 과정에 대해서 말했다. "이것은 보통 완전히 무의식적으로 일어나는 정상적인 삶의 과정이다. '아니마' 는 항상 존재하는 원형이다. 이 상像을 최초로 지닌 어머니는 아들에게 매혹적인 의미를 띤다. 그런 다음 이 상은 여자 형제나 비슷한 인물을 거쳐서 사랑하는 여자에게로 건너간다."[4]

제임스의 변환은 매일 매일의 삶에서도 분명히 드러났다. 그는 청강생이 아니라 학생으로 학교에 다니고 싶다고 말했다. 이에 따라 우리는 한 번 더 학교를 바꾸어, 새로운 시작을 통해 이 사건이 의미를 가질 수 있도록 하였다. 곧 대학 입학시험에 합격할 수 있도록 모든 과목을 수강하도록 하였다. 독일어 과목에 아주 취약했지만 그는

---

4 Jung, C. G. *Psychologie und Alchemie*, Walter, 전집 12, 1972. p. 109.

열심히 수업을 들었고 숙제도 잘 하였다. 그에게 곧 여자 친구도 생겼다. 항상 집에 있기는 했으나—일주일에 **한 번은** 자신에게 외출을 허용했다.—이제 그는 삶을 자신을 위해 훨씬 풍요롭게 꾸려 나갔다.

하루는 그가 내게 아주 직접적으로 물었다. "칼프 부인, 신을 믿으시나요?" 나는 그에게 믿을 뿐 아니라 그 존재를 체험했다고 이야기해 주었다. 이것이 종교적이고 철학적인 성격의 대화의 시작이 되었다.

우리가 청소년과 진지하게 작업하면, 사춘기에 신체의 발달과 함께 정신의 성숙이 동반되는 것을 경험할 수 있다. 많은 원시인에게 하나의 삶의 단계에서 다른 단계로 가는 전환, 특히 소년에서 남성으로 넘어가는 것에는 긴 의례를 걸친 축성식이 행해졌다. 이것이 오늘날에는 사라졌거나 그 깊은 의미를 잃었다. 그래서 치료에서 신에 대한 질문을 다루는 것이 청소년과의 작업에서 무엇보다 중요하다. 인간 안의 신적인 원형과의 관계만이 청소년들에게 성인으로의 변환을 실제로 이루어지게 할 수 있다. 또 한편으로 이것은 인간이 본능의 영역으로 향하는 자연적인 통로를 찾았을 때에만 생긴다.

3개월 후 모래에 만든 제임스의 그림은 나의 인식을 입증해 주었다. 그는 다시 자연 풍경을 만들었다(그림 41).

▲ 그림 41

왼쪽에는 말이 두 마리 있는 울타리가 있는데, 어두운 말과 밝은 말이고, 열린 문 쪽으로 가고 있다. 양떼와 함께 있는 목동이 있으며, 오른쪽 밖에는 연못에서 백조 두 마리가 수영하고 있다.

말뿐 아니라 목동도 그의 양떼와 함께 왼쪽으로—무의식 쪽으로—갔다. 제임스가 자신의 이야기를 쓸 때 겪었던 내향화가 분명하게 암시되었다. 그 이야기의 효력이 지금 발휘되고 있었다. 말들은 첫 번째 그림에서와 같이 갇혀 있지 않고, 이제 울타리를 벗어나 세상과 관계를 맺으려 한다. 이것은 제임스가 자신의 본능 영역에서 영양을 공급받았고, 자신의 자연이 결정한 주변 세계로의 통로를 얻었다는 것을 의미한다.

목동은 아마도 양들의 좋은 목자인 그리스도를 상징한다.

첫 그림에는 두 마리의 까마귀가 고목 나무 위에 앉아 있었다. 당시의 상황에서는 쉽게 불운의 새로서, 즉 그 부정적 측면으로 바라볼 수 있었을 것이다. 제임스는 불운의 새였고, 그의 무능함에 대한 침울한 분위기는 그의 과장된 외향적 행동으로 가려져 있었다.

그러나 까마귀는 은둔자들의 친구였다. 그들은 고독하게 사는 인간을 돕는 신들의 사자였다. 성경[시편 147:9, 욥기 38:41]에서 까마귀는 일종의 신의 새로 표현되었다. 위기에 처했을 때 어린 까마귀는 신을 부르고, 신은 그것을 들었다.

이로써 제임스는 완전히 무의식적으로 그의 첫 그림에서 치료 중에 가게 될 길을 미리 보여 주었다. 제임스의 고향에 있는 한 인디언 종족에게 까마귀는 빛을 가져오는 자의 의미를 갖고 있다. 빛은 어둠이 가장 깊은 곳에서 가장 밝다. 따라서 창조적인 측면을 비추는 불빛을 자신의 내면에서 발견하기 위하여, 제임스는 우선 자신의 이성적인 의식 영역을 떠나야 했다.

그의 그림 안에 등장하는 백조는 빛의 측면을 예고한다. 『변환의 상징』에서 융은 '백조[Schwan]' 라는 단어의 어근은 태양[sun]과 소리[sound]와 마찬가지로 'Sven' 이며, 백조는 재생과 신생을 의미한다고 하였다. 백조는 태양의 새, 밝은 것, 빛을 상징하면서 확장된 의식, 내적인

가능성의 실현을 가리킨다.[5]

동시에 전혀 다른 측면도 상징한다. 백조는 미래를 예감한다. 좋지 않은 느낌일 때 우리는 "불길한 예감이 든다.Mir schwant Unheil" 고 말한다. 그러나 둘 중에 어느 측면이 의미가 있을지는 알 수 없다.

제임스는 용기를 내서 시험 준비를 하였고, 하루는 직접 시험에 응시해 보았다. 합격하기 위해서가 아니라 그의 표현에 따르면 "얼마나 어려운지 알아보기 위해서" 였다. 오랜 시간이 지나서 그가 시험에 합격하였다는 소식이 들려왔다. 기쁨이 대단했다. 이제 그는 대학 공부도 가능해졌다.

하지만 또 다른 의문이 생겼다. 그는 2년이 넘게 우리의 생활방식에 익숙해져 있다. 이제 어떻게 그의 고향을 느낄까? 그는 몇 주간의 화물선 여행을 계획하고 있었다. 그것으로 장차 그를 다시 기다리고 있는 매우 다른 것을 준비할 시간을 갖게 될 것이다.

오직 그의 부모, 즉 아들과 아들이 이룬 것을 축하하려고 한 그의 부모만 다른 결정을 내렸다. 그들은 제임스가 가능한 한 빨리 집으로 오도록 비행기표를 보냈다. 그러나 하나의 세계에서 다른 세계로 급하게 건너가는 것이 내적 공포를 야기할 것이라는 생각은 그에게 그리 놀라울 일이 아니었다.

---

5 Jung, C. G. *Symbole der Wandlung*, Walter, 전집 5, 1973, p. 607.

그는 꿈을 꾸었다. "나는 나의 고향에 있는 커다란 집에 있었다. 불이 난 것 같았다. 신이 있었지만 왠지 모르게 그는 도움을 줄 수 없었다. 그래서 사람들은 '달에 있는 남자' 를 불렀다. 나는 그가 아주 멀리 우주공간에서 오는 것을 보았다. 그와 신은 어떤 방으로 가서 상의하였다. 그다음은 불분명하였다."

발생한 불은 제임스의 내적인 감정을 의미한다. 신 혼자서는 도울 수 없었다. 신을 도와야 했던 '달에 있는 남자' 는 누구일까?

달 속에 있는 '얼굴' 에 대한 전설과 신화에는 아주 여러 가지 형식이 있다. 대부분의 민담에서 남자는 벌을 받아 달로 쫓겨났지만, 불을 꺼야 한다는 이 맥락에서는 거인에 관한 북독일의 전설이 의미 있는 것 같다. 그는 땅에 물을 붓기 위하여, 썰물 때 몸을 구부린다. 낮 동안의 끓어오르는 뜨겁고 빛나는 구체(태양)와는 반대로, 달은 신화에서 밀물과 썰물에 대한 영향력으로서 모든 민족에게 물의 자연 원칙의 화신이다.

중국의 민담에서 달 속의 남자는 꽃이 피고 향기 나는 계수나무에 앉아 있는 것으로 되어 있다. 계수나무 열매의 달콤한 과육 獨 Fruchtmark 은 아프리카에서 '만나 manna' 라고 하였다. 만나는 하늘에서 사막에 있는 이스라엘인에게 보낸 음식이다. 그것은 밤에 이슬과 함께 하늘에서 떨어졌다고 여긴다. 그렇게 만나는 종종 하늘의 빵이거나 달의 음식이라고 불린다. 만나는 성경에서 이슬과 비교되었고, 또 한편으로는 기도의 상징이다. 요한계시록 2:17에는 "극복하는 자는 숨겨진 만나를 받을 것이다."라고 되어 있다.

이 꿈에서는 한 번 더 아주 분명하게 제임스에게 그의 의식과 무의식의 만남이 얼마나 중요했는지 보여 준다. 합리적인 방법으로는 불가능한 것이었지만, 가정컨대 제임스에게 그의 아동기에 현현하지 않았던 **자기**가 그리스도의 탄생을 상징적으로 체험함으로써 그에게 풍요로움을 주었다. 그는 자신의 학습능력을 갖추게 되었을 뿐 아니라 남성성을 발달시켜서 집단에 적응할 수 있었다.

무엇보다 그의 혼은 신과 가까워졌고, 기도를 통해 신에게 도움을 요청할 수 있었다. 이것이 이미 그에게 생활화되었다. 이 체험이 어린 제임스에게 삶이 그에게 가져올 수 있는 폭풍우를 조금 약화시켜 줄 것이라고 희망할 수 있었다.

6

데데

언어장애의 극복

데데
언어장애의 극복

데데는 다섯 살 반의 나이에 나에게 보내졌다. 2년 반에 걸친 치유과정 동안 일어난 일들은 그의 태생과 같이 복잡해서 이 책에 모두 담기에는 무리다. 그래서 여기서는 소년의 발달에 중요했던 몇 개의 순간만 강조한다.

부모의 말에 의하면, 소년은 카프카스, 쿠르디스탄, 터키, 크레타, 비잔티움(현재의 이스탄불)과 스위스의 혈통이 섞였다. 그래서 본원적인 민족 고유의 민족문화, 이슬람과 기독교(구교, 신교)라는 인종적, 문화적, 종교적 대극도 그의 안에 있다. 어머니 쪽의 조상 중 두 명의 여성은 어려서 유목민 텐트에서 유괴당해서 부유한 터키 가정에서 자라났다. 초원을 방랑하는 민족이 지속적으로 분쟁을 하면서 기독교적 이웃과 살았음에도 불구하고, 그들의 전투적인 행동은 가족을 지키는 것을 중요하게 여기는 그들의 도덕관에 기초한다. 그 소년이 내게 아주 평범하지 않은 인상을 주었기 때문에, 이 세부적인 것을 미리 이야기해 두는 것이다. 그는 어머니에게 기대며 고집스러우면서도 의심 없는 눈으로 나를 바라보았다.

그는 결코 나이에 어울리지 않는 몇 안 되는 단어만 구사했다. 그 외에 불안한 증상도 보였다. 그는 어머니가 계속 있기를 원했고, 거리에서는 그녀의 외투 속으로 숨었으며, 밤에는 옷에 부착된 후드를 썼다. 그는 파란색을 유난히 좋아했으며 다른 색 스웨터는 입지 않으려 했다. 억지로 입히면 그는 완전히 경직되었다. 그를 욕조에 들어가게 하는 것은 불가능한 일이었고, 음악을 좋아했으며, 커다란 포장지에 그림을 그렸다.

정상적인 발달이 방해되고 있는 것 같았다. 소아과 의사로부터 그가 1년 9개월일 때, 급성 포도상구균에 감염되어 입원했던 소아병동에서의 행동을 들었다. 노련한 여의사는 그의 근육이 너무 긴장되어서 주사를 놓으려 할 때 바늘이 부러졌다는 이야기를 해 주었다. 3일 동안 생명에 위험이 있을 만큼 위독했지만 비교적 빨리 회복하였다. 그러나 그는 병이든 후, 걸을 수도 말할 수도 없었다. 그는 일단 건강한 아이인 것처럼 보였으나, 다시 처음부터 걷는 것과 말하는 것을 배워야 했다. 이제 걷는 것에 어려움은 없었지만, 언어 발달은 정상

아에 훨씬 못 미쳤다. 정신과적인 소견서에 비춰 볼 때 학교 입학이 불확실하였고, 무엇보다도 이것이 나에게 의뢰된 이유다.

첫 회기에 우리는 정원에서 그의 네 살 많은 형과 함께 케이블카를 가지고 놀면서, 우선 소년을 관찰하였다. 몸짓과 적은 말로 그는 그 놀이의 진행을 지도하였다. 그의 형은 말이 별로 없었다.

이후 데데가 처음으로 혼자서 내게 왔을 때, 그는 곧장 나의 축음기로 가서 음악을 듣고 싶다는 뜻을 비쳤다. 낮은 의자에 앉아서 그는 꼼짝 않고 음악을 들었다. 얼마 후 그는 내게 자기 옆에 앉으라는 신호를 했다. 우리는 모차르트를 들었다. 레코드판이 끝나 가자 그는 만족해하면서 말했다. "녹색." 이어서 버르토크Bartok를 들었다. 이 음악을 그는 '노랑' 이라고 하였다. 나는 이 이름들이 레코드판의 중앙에 붙어 있던 라벨의 색깔이라는 것을 알아챘다. 다음으로 그는 '푸른색' 을 원했다. 그것은 바흐의 음악이었다. 나는 그가 아주 신중하게 듣는 것을 느꼈고 그가 녹색, 푸른색 혹은 노란색이라고 말할 때 색깔을 특정한 작곡가들과 연결시키는 것을 알았다. 우리는 몇몇 회기를 이 세 작곡가의 음악을 들으면서 보냈다. 나는 이를 통해 나에게 특정한 관계가 형성되는 것을 느꼈으나, 치료를 위해서는 다른 수단을 동원해야 했다. 나는 피아노 앞에 앉아서 연주를 하며 동요를 불렀다. 그는 의자를 내 곁에 가까이 가져와 경청하였다. 하나의 소리도 놓치지 않는 것이 분명했다. 그는 꼼짝 않고 의자에 앉아서 내가 새 노래를 부르기 위해 장을 넘기려 하면, 그는 그것을 단호하게 막았다. 달에 관한 노래와 그 옆에 그려 있는 하늘의 별과 달이 있는 그림이 그의 마음에 꼭 드는 것 같았다. 나는 두세 번 모든 절을 반복하였다. 그는 다른 것을 들으려 하는 것 같지 않았다. 그러고 나서 그는 책을 덮었다. 그리고 우리는 아래층에 있는 놀이방으로 갔다. 똑딱 소리가 나는 전기 시계 옆을 지나가려 하면 내 손을 잡았다. 나는 그의 불안감과 두려움을 느꼈고, 그에게 무서워하지 않아도 된다는 것을 알려 주었다. 놀이방에서 그는 곧 모래상자로 갔다. 언덕을 만들고 그것을 네 방향에서 손으로 뚫었다. 터널과 가운데 빈 공간이 만들어졌다. 그의 얼굴 표정으로 보아 그가 동굴 외에는 아무것도 보지 않고 있다는 것을 알 수 있었다. 그리고 그는 초를 발견하고 그 안에 넣은 뒤 내게 불을 붙이라고 했다. 이것이 그의 마음에 드는 것 같았다.

그다음 회기에는 피아노와 모래상자로 번갈아 가면서 시간을 보냈다. 그에게 기쁨을 주는 것 같았다. 그중 동굴 안에 들어 있는 빛이 그에게 특히 매혹적인 듯했다. 그는 아주 빨리 모래로 형태를 만든 후 즉시 손에 남아 있는 먼지를 털어 냈다. 모래를 만지는 것이 불쾌해 보였다. 몇 회기를 더한 후 이제까지 심각했던 데데의 얼굴표정이 밝아졌다. 눈에 띄게 그는 이곳에 오는 것을 즐거워했다. 회기가 끝나고 집으로 가야 할 때면, 그는 자신이 사라질 때까지 치료실의 문이 열려 있는 것을 원했다. 문은 그가 보이지 않을 때까지 확실히 열려있어야 했다. 그는 피아노 연주 중 나의 무릎에 앉기를 원했는데, 그로써 나와 친밀감이 늘어나는 것을 알 수 있었다. 나는 매번 그 달 노래 두 곡을 불러야 했다—그는 그사이 우리의 노래책[1]에서 두 번째 노래를 발견하였다—내가 노래할 때 한 소절을 뛰어넘으면 큰일 났다. 그는 그 짧은 사이에 모든 것을 알고 있었다.

하루는 종이와 색연필을 발견하였다. 놀랍도록 확신에 찬 시선으로 나의 집이라고 하면서 큰 사각형을 그렸다. 그는 내게 종이와 연필을 주면서, 나의 집을 그리라고 했다. 내가 문을 그려 넣자, 그는 문이 열려 있는지 확인하려 했다. 문 옆에 있는 오래된 초인종의 줄도 빠지면 안 되었다. 이것이 그에게 그가 항상 다시 올 수 있다는 확신을 주는 것 같았다. 그는 이해받는다고 느끼고 있었다. 끝없이 여러 번 노래를 듣고 싶어 했다. "좋은 달님, 고요히 가시네."[2] "얼마나 많은 작은 별이 있는지 너는 알고 있니?"[3]를 항상 꼼짝 않고 앉아서 들었다.

소년의 청력이 아주 발달한 것이 눈에 띄었다. 그는 모든 소리에 주의를 기울였다. 하루는 회기 중에 '11시 종소리'가 들렸는데, 그는 동요하면서 종소리를 더 잘 듣기 위해 창문을 열고 싶어 했다. 나는 교회를 그렸고, 그에게 탑 어디에 종이 달려 있는지 가르쳐 주었다.

---

1 Sang und klang fürs Kinderherz, Verlag Neufeld und Henius, Berlin S. W. 1909.

2 Guter Mond, du gehst so stille.

3 Weisst du, wieviel Sternlein stehen.

그도 그림을 그렸다—그것은 나의 집이었고 문 밖에는 그가 원 안에 그린 시계 숫자판이 있었다. 그 위로 종을 그리려 했다. 이 모든 것이 순식간에, 단숨에 일어났고, 생동감에 찬 채 확신이 큰 것을 알 수 있었다. 모든 자신의 행동은 내적인 필요로 결정되었고, 다른 대안은 허용하지 않았다. 그는 문제가 아직 어둠 속에 가려 있는, 무의식에 의해 직접적인 지도를 받았다. 그의 안에 무엇인가가 빛으로 나오려 했다. 그래서 밤하늘을 비추는 달과 별의 노래, 모래 동굴 안의 초가 아주 중요했던 것이다. 다른 모든 것에는 소년은 흥미를 보이지 않았다. 이 시기에 끈이 풀려 밟고 넘어진다 하더라도, 그에게 신발끈을 매는 것을 가르치는 일은 헛수고였을 것이다.

이제 두 달이 지나갔고, 크리스마스가 다가왔다. 나는 데데에게 우리 노래책 '고요한 밤, 거룩한 밤'[4]에 그려진 그림을 보여 주었다. 크리스마스이브에 불을 밝힌 교회와 집이 있었고, 등불을 든 사람들이 눈이 쌓인 풍경 속을 걸어가고 있었다. 나는 반주를 하면서 크리스마스 노래를 불렀다. 그러고는 아기 예수의 탄생에 관해서 이야기해 주자 데데는 주의 깊게 들었다. 그는 많은 빛이 있는 크리스마스 나무를 기억했다. 그는 이제 모래에 동굴을 만들지 않고 교회와 집을 조그마한 언덕 위에 놓았다(그림 42). 그림을 완성하기 위해서 우리는

---

4 Stille Nacht, heilige Nacht.

교회와 집에 인형의 집에 사용하는 작은 전구로 불을 밝혔다. 그는 교회탑 속에 종이 있는지 잘 살펴보았다. 종이 없는 것에 데데는 만족해했다. 그럼에도 불구하고 열린 창으로 정오를 알리는 교회 종소리가 들려오면 경청하였다. 그가 그 종소리를 즐겨 들었기 때문에 '우리의' 교회에 종이 없는 것이 만족스러웠던 것일까? 그의 어휘는 지극히 한정적이었기 때문에 나중에서야 그가 종들이 아래로 떨어질까 봐 두려워했다는 것을 알았다. 항상 종과 그 나머지 공간 사이에 칸막이가 있어서 떨어지지 않는다는 것을 확신시켰다. 하늘과 땅 사이에 소리가 울려 퍼지는 종은 창조적인 에너지를 상징한다. 종이 떨어질지도 모른다는 소년의 걱정은 아직 자신이 소화할 수 없는, 자신의 창조적인 에너지에 압도될 수 있다는 것으로 이해할 수 있다. 그래서 '칸막이'를 두어 자연적인 보호를 만들었다. 그리고 치료자에게는 소년의 창조적인 표현을 정확히 관찰하고 그들에게 방향을 잡

▲ 그림 42

아 주는 것이 필요하다.

이제 데데는 단지 달 노래만 좋아하는 것이 아니라 크리스마스 밤의 아름다운 그림이 있는 크리스마스 노래도 즐겨 들었다. 집과 교회도 항상 되풀이해서 모래 위에 놓았다. 집을 몇 개 더 보태서 마을을 꾸미기도 했다. 때로는 동산 위 교회 옆에 혼자 서 있었다. 재미있는 것은 그가 그 집을 때때로 나의 집이라고 말했고, 다시 아기 예수의 집이라고도 했다. 아주 서서히 치료과정에 전이를 통해 만들어진 어머니-아이 일체감이 해체되는 준비를 하는 것 같았다. 데데는 완전히 받아들여지고 이해된다고 느낄 수 있었고, 그의 **자기**가 보호되었다. 말하자면 '교회 옆의 내 집'에서 잘 대접을 받았던 것이다. 그가 가끔 집을 아기 예수가 사는 곳이라고 한 사실은 내가 들어가는 말에서 기술한 바와 같이 기대하고 있는 신적인 아이의 탄생—소년의 자기 현현—을 증명하였다.

그는 아기 예수에만 몰두하기 시작한 것이 아니다. 노래책 속의 그림에는 그리스도의 탄생과 불이 들어온 교회가 연결되어 있어서 교회에도 점점 더 관심을 갖기 시작하였다. 그는 이미 나의 집을 교회라고 말했다. 그는 나와 함께 교회와 대성당의 그림책을 열광적으로 바라보았다. 내가 교회의 이름을 어떻게 불렀는지, 모든 자세한 사항을 정확하게 기억한 것, 예를 들면 원화창(장미꽃 모양의 창-역주)圓華窓 Fensterrosette을 보고 한 성당을 알아본 것이 놀라웠다. 그는 항상 다시 '교회책'을 들여다보려 하더니 결국 교회를 그리고 채색하기 시작하였다(그림 43, 44). 상상한 집이 아니라 교회, 즉 다니면서 본 교회나 책에서 본 교회를 그렸다. 처음에 그렸던 사각형 그림과 같은 거침없는 선으로 교회와 대성당이 그려졌다. 말로 표현할 수 없었던 것이 스케치와 그림으로 더 잘 나타났다. 여기서도 자신을 꼭 알리기 위해서, 표현수단을 찾고 있는 내적인 필요성이 작용하고 있는 것을 느꼈다. 그것은 그때까지 아주 강해서 소년의 전 존재를 지배하였다. 이것이 왜 인간적인 피규어가 그의 놀이에 등장하지 않았는지의 이유다. 그를 사로잡은 것은 아주 다른 것이었다.

다른 전통과 나란히 데데의 조상들 안에 여러 세대를 거쳐 잠자고 있었던 기독교적인 의식이 데데의 내면에서 현현하려고 한 것이 가능했을까? 그는 교회 건물을 바라보는 일과 베들레헴 마구간과 신적인 아이의 탄생을 표현하는 우리의 노래책 안의 그림에 매료된 것 같았다.

크리스마스는 지나갔고, 한 달이 더 흘렀다. 모래 안에는 항상 집과 교회가 대체로 언덕 위에 있었다. 차차 다른 집들이 추가되고 교회 하나가 더 들어섰다. 사람들은 없었으나 여러 그림 중 한 그림에는 두 마리의 흰말이 마을 광장에서 이리저리 뛰어다니며 놀고 있었다.[5] 우리가 본 바와 같이 흰말은 흔히 종교적인 체험과 연관된다.

---

5 p. 126, 178 제임스와 마리나 사례의 해석 참조

▲ 그림 43

▲ 그림 44

말이 두 마리라는 것은 그러한 현현이 직접적으로 다가오고 있다는 점을 가리킨다.

오래지 않아서 데데는 언덕에 예쁜 마을을 만들었다(그림 45). 겨울이었고 나무와 집에는 눈이 덮여 있었다. 눈이 쌓인 전나무로 둘러싸였고, 교회는 바로 그 뒤에 서 있었다. 그의 말에 의하면, 흰말과 검은 말이 끄는 왕과 여왕을 태운 결혼 마차가 언덕으로 올라가기 시작했다. 두 명의 시종이 앞서 가고 있었다. 커다란 여우는 혼인 행렬에 길을 알려 주고 있는 것처럼 보였다.

치료 중에 어머니–아이 일체감을 만들어 내는 일이 성공하였다. 지금까지 본 것과 같이, 우리 집이 아기 예수의 집이었던 점에서 일체감

▲ 그림 45

이 풀려날 것이라는 암시를 볼 수 있었다. 완전한 인간인 그리스도로 상징된 자기는 어머니-아이 일체감에서 풀려나기 시작하였다. 이 그림에서 대극의 합일로서의 자기는 흰말과 검은 말이 끄는 쌍두마차를 타고 있는 왕과 왕비로 표현되었다. 민담해석을 보면 우리는 어떤 내용이 의식화되어야 할 필요가 있을 때 여우가 나타난다. 생텍쥐페리의 Antoine de Saint Exupery『어린 왕자』에서도 여우는 보이지 않는 것을 가르치는 존재다.

소년이 성탄절 음악과 종소리에 귀 기울이고, 교회와 대성당을 그리는 일에 몰입하게 된 것은 이제껏 데데 안에 잠자고 있던 기독교 전통의 특성을 지닌 형태의 자기Self가 현현하기 위해 꼭 필요했던 장벽 돌파가 이루어진 결과라는 것이 분명해졌다. 똑똑한 여우, 즉 소년의 본능이 이 일을 도왔다.

그 이후 오래지 않아 '얼음이 녹았다.' 데데는 완전히 정상적으로 말하기 시작하였다. 그는 마치 새로 태어난 것 같았다. 우리 책에서 그는 다른 노래도 발견하였다. '5월은 모든 것을 새롭게 한다.'[6] 나 '5월아 오너라. 나무들을 다시 푸르게 해 다오.'[7]를 아주 즐겨 들었다. 그 노래에 있는 아이들이 노는 장면의 삽화를 들여다보았다. 그러나 달 노래만큼 집중해 듣지는 않았다. 또한 일요일에 교인들이 햇볕이 내

---

6 Alles neu macht der Mai.

7 Komm lieber Mai und macht die Bäume wieder grün.

리쬐는 들판을 통과해서 교회로 가는 그림을 아주 오랫동안 보았다. 그는 이 그림에 많은 의문을 가졌다. 왜 사람들이 일요일에 교회로 가는지, 그곳에서 무엇을 하는지 모든 것을 알고 싶어 했다. 나는 그들이 목사님이 신에 대해서 이야기하는 것을 듣고, 기도하며, 오르간 음악에 맞추어 노래하러 간다고 설명해 주었다.

우리는 피아노 앞에 앉아서, 교회에 가는 것과 예배 드리는 것을 즉흥 연주로 표현하려 했다. 종소리, 밝고 어두운 음색, 목사가 들어오는 것, 노래와 오르간 음악 등을 말이다. 데데는 아주 열광했으며, 이러한 종류의 즉흥 연주를 되풀이해서 들으려 했고, 작은 손가락으로 흉내내려 했다. 구부러지지 않는 작은 손가락으로 맞는 소리를 내려고 얼마나 애쓰는지 믿어지지 않을 정도였다. 그러다가 그는 찾아냈다. 나는 그에게 절대음감이 있는 것이 아닐까 생각해 보았다. 그는 이전에 집중해서 노래를 들었던 만큼 열심히 노래를 연주하였다. 또한 멜로디를 모두 기억해 내야 직성이 풀렸다.

그는 신의 이야기를 듣기 원했다. 신은 모든 인간을 위해 존재한다고 설명해 주자, 그는 주의 깊게 들었다. "신이 모든 사람을 보려면, 맨 꼭대기 층에 살아야겠군요."라고 말했다.

이제 말로 자신을 표현하는 것에 어려움이 없었기 때문에, 일반적으로 1년 뒤에 들어가야 할 학교 입학 문제가 제기되었다.

그러나 그때까지 그의 부모와 몇 살 위의 형제가 사랑으로 감싸는 보호의 울타리 안에서, 데데는 외부 세계와 전혀 접촉이 없는 상태였다. 나는 그의 부모와 일주일에 두세 번 사설 유치원을 보내는 데 합의하였다. 이것은 그가 동년배의 아이들을 사귀고 그들과 지내는 것에 익숙해지도록 해 줄 것이다. 이 시도는 이제 부분적으로 성공하였다. 데데는 자기 또래의 다른 아이들처럼 양손을 사용하여 공작을 하는 것에는 별 흥미가 없었다. 그의 집요함은 여교사를 힘들게 하였다. 그럼에도 불구하고 그는 별로 싫어하지 않으면서 학교에 갔고 아이들에 대해 이야기해 주었다.

그러던 중 그는 회기 시간에, 다른 문제에 몰두하기 시작하였다. 우리의 노래책을 넘겨 보던 중 자장가에 그려진 그림을 발견하였다. 나는 그 노래를 연주해 주었다. "좋은 저녁, 좋은 밤……."[8] 그가 그것을 들었는지는 모르겠다. 돌아보지 않고 그는 그림 속 요람에 있는 아이를 응시하였다. 나는 그 아기가 밤에 잠을 자려고 요람에 누워 있는 거라고 반복해서 확인시켜 주었다. 그는 아이가 몇 살인지 알고 싶어 했다. 그 물음 뒤에 무엇이 숨어 있는지 알아차리지 못한 채 나는 아주 작은 아기들만 요람에서 자고, 아기가 자라면 작은 침대로 옮긴다고 말했다. 그는 유심히 들으면서 나의 대답을 잘 이해하는 듯했지만 왠지 두려움에 사로잡힌 것처럼 보였다. 내가 그럴 리는 없을

---

8 Guten Abend, gut' Nacht…….

것이라고 말했음에도 불구하고 그는 이 아기가 요람에서 나오지 못할 것을 걱정하였다.

교회 대신에 이제 요람을 그리기 시작했다. 그가 어린 시절 자신이 중병에 걸려 있을 때 경험했던, 죽을지도 모를 어떤 상황을 지금 다시 한 번 겪고 있다는 것을 알아차렸다. 이것이 아마 그가 욕조에 들어가고 싶지 않았던 이유일 것이다. 무의식적으로 그곳에서 다시 나오지 못할 것을 두려워했다. '잘 자라, 사랑스러운 아들'[9]이라는 노래의 그림은 그에게 약간 위로가 되었다. 이 그림에는 요람 옆에서 아이를 안고 있는 어머니가 그려져 있었다. 일주일 넘게 온갖 종류의 요람을 그렸다. 여러 번 연습 후에 그는 원근법을 적용하여 요람을 그릴 수 있었다(그림 46).

그 외에 그는 잘 발전해 나갔다. 몇 달 후 그를 밖의 세계로 인도하는 방법을 알고 있는 똑똑한 유치원 선생이 있는 시립 유치원에 자리가 났다. 그는 자주 다른 아이들과는 좀 떨어져 앉아서 스케치하고 그림을 그렸으나, 그 선생님은 이를 허락하였다.

이 시기 데데는 민담에 끌렸고 그중 '잠자는 숲속의 공주'[10]에 대해 많이 생각하였다. 왕자가 공주에게 키스해서 오랜 잠에서 깨우는 것에 몰두하였다. 민담은 상징적인 언어로 데데의 문제를 우리에게

9 Schlaf, Herzenssöhnchen.
10 Dornröschen(sleeping beauty)

▲ 그림 46

알려 주었다. 한편으로는 어렸을 때 체험하였고 아직 공포로 그의 안에 자리 잡고 있는 죽음의 위험에서 깨어나는 것과 관련이 있었다. 다른 한편으로는 깊은 잠에서 깨어나는 것은 재생, 새로운 삶으로 깨어나는 것을 의미했다. 데데는 유리관 속에 있는 공주와 왕자를 그렸다(그림 47). 이것을 통해 오랜 문제가 서서히 해결되고, 새로운 발전이 시작될 희망이 생겼다.

데데가 다시 모래놀이를 시작하였을 때, 삶의 부활이라는 생각이 더 뚜렷해졌다. 그는 넓은 강을 만든 다음 많은 사람들이 목욕을 하러 가는 모습을 표현했다. 그는 모두 잠수하였다가 다시 올라온다고

▲ 그림 47

말했다. 나중에 데데는 세례를 통해 더 분명히 표현했다(그림 48). 작은 욕조를 모래에 놓고 인형을 물속에 넣으면서 세례를 하였다. 인간과 동물들이 이 제의가 행해지는 주변으로 원을 그리며 둘러섰다. 우리가 알고 있듯이 그리스도의 세례도 물속으로 들어가는 것이었다. 초기 기독교 전통에서는 세례의식을 치름으로써 기독교인 집단의 일원이 된다는 큰 의미가 있었다. 오늘날에도 교회의 성수는 창조와 변환의 성질을 가지고 있다. 우리가 물속으로 들어가는 것에 관해 들을 수 있는 많은 예 중에서, 앞에 열거한 예들만으로도 우리는 이 순간이 데데의 삶에서 얼마나 중요한지 알 수 있다. 이제 새로운 삶이 시

▲ 그림 48

작되어 그는 주변 세계와의 만남을 수월하게 하는 안정감을 서서히 갖게 될 것이다.

그는 잘 발전하였다. 그의 활발한 환상은 그림과 스케치에, 그리고 최근에는 피아노 연주에서도 조금은 표현할 수 있게 되었다. 아주 놀랍게도, 그는 내가 그에게 불러 준 노래 중 몇 곡을 단지 듣기만 하고도 피아노로 그대로 연주할 수 있을 때까지 그만두려 하지 않았다.

적당한 시기에 그는 1학년에 입학하게 되었다. 말하자면 근원적인 자연문화와 기독교 사이의 균형을 어느 정도 다시 만드는 데데의 발달에서의 첫걸음이었다. 이처럼 아직 끝나지 않은 그의 문제는 그의 그림 속 교회 옆에 자리했던 이슬람 사원을 통해 볼 수 있다.

7

마리나

입양아의 읽기 불능의 배경

마리나
입양아의 읽기 불능의 배경

갈색 눈의 아홉 살 마리나는 놀이방으로 뛰어 들어왔다. 그러나 그녀는 마음이 복잡하였다. 어머니는 그녀에게 내게 오면 놀이를 할 수 있다고 말했다. 그러나 어떤 종류의 놀이가 될까? 그녀는 모래상자를 보더니 소매를 걷어올리고 모래로 형태를 만들기 시작했다. 나는 그녀에게 많은 피규어를 보여 주면서 그것들을 모래놀이에 사용할 수 있다고 했다. 그녀는 손을 허리에 대고서는 피규어로 가득한 선반을 유심히 보았다.

그녀가 내게 등을 돌리고 그렇게 서 있는 동안, 나는 그녀를 살펴보았다. 검은 직모의 머리가 거의 어깨까지 내려왔다. 아직 아주 작은 어린아이인데도, 오른쪽 다리로 지탱하고 서서 왼쪽 다리는 앞으로 내밀어 굽을 딛고서 좌우로 돌리며 선 모습을 하고 있었다. 피부는 검어서 남쪽에서 온 아이인 듯 보였다.

“내가 원하는 것을 꺼내도 될까요?”라고 그녀가 물었다. “그래, 가장 네 맘에 드는 것, 제일 가지고 놀고 싶은 것을 골라라.” 내가 대답하였다.

그녀는 작은 나무집을 제일 마음에 들어했다. 이것을 모래상자의 한가운데에 놓았다. 그것을 사방에서 바라보고는, 내가 볼 때 꽤 만족스러워하면서 피규어들이 있는 곳으로 갔다. 나무 몇 개를 놓아 집 주변에 울타리를 쳤다. 왼쪽에는 반원 모양의 울타리를 만들었다. 이 울타리 안은 흰말을 먹이는 곳이 되었다. 날카로운 소리가 나는 채찍을 든 남자가 흰말을 돌보고 있었다. 소, 양, 거위 등 가축들이 집 근처에서 풀을 뜯고 있었고, 한 소녀가 닭과 거위들에게 먹이를 주려 하였다. 이 모든 것이 정확히 모래상자의 왼쪽에서 일어나고 있었고, 오른쪽은 텅 비어 있었다. 왼손으로 몇 개의 얕은 밭고랑을 모래에 표현하였고, 씨 뿌리는 사람을 놓으면서, 밭에 씨를 뿌리는 중이라고 말하였다(그림 49).

이 그림으로 마리나를 관찰하도록 데려온 상황을 이해하게 되었다. 양부모는 생후 6주 때 고아원에서 그녀를 입양하였다. 양어머니는 아이 갖기를 간절히 원한 사람이었다. 작은 소녀는 발달 상태는 양호했으나 여섯 살이 될 때까지 야뇨증이 있었다. 가끔 양부모에게

▲ 그림 49

강하게 반발하곤 했는데 어느새 습관으로 굳어졌다. 네 살 때 동생을 원해서 부모는 둘째 아이를 입양하였다. 그사이 그들은 미국에서 유럽으로 이주하였다. 몇 년 후 미국으로 돌아갈 계획이었기 때문에 마리나를 위해서 영어로 교육하는 학교를 선택했다. 그녀는 그리기와 손으로 하는 일에는 소질이 있었으나 산수와 읽기는 힘들어했다. 읽는 것을 배우는 것이 너무 힘들어서 2학년 때부터 과외를 해야 했는데 성과는 별로 없었다. 무엇보다도 똑똑한 아이를 원했던 양아버지는 매우 불행해했다.

나의 치료실에서 몇몇 아이가 자신이 제일 좋아하는 집이라고 부른 따뜻한 작은 나무집이 완전히 홀로 모래상자의 중앙에 있었다. 이것이 마리나에게 따뜻한 집이나 혹은 내적인 안정에 대한 그리움을 나타내는 것이었을까? 둘 다일 수 있다. 중요한 것은 흰말이었다. 농장의 나머지 생물들로부터 조금 떨어져 풀을 뜯고 있는데 농부 하나가 그들을 긴 채찍으로 몰고 있었다.

말은 신화나 민요에서 미래의 가능성을 알려 주는 것으로 여러 차례 증명되었다. 잘 보고, 잘 듣는 것으로 기술되었으며 때때로 말하는 능력도 가지고 있다. 동물로서 동물적 단계, 즉 인간 안에 있는 완전히 무의식적인 층이 가시화되어 나타난 것이다. 인간이 타는 동물로서 모성과 결합되며, 놀라는 성질 때문에 의식으로 조절할 수 없는 본능 세계를 표현한다.

다른 상징적 요소는 흰말의 종교적 측면이다. 중국에서는 그에게 사원을 바쳤고, 요한계시록에도 언급되고 있다. 모하메드가 하늘로 올라갈 때 베낙Benag이라는 흰말을 타고 갔다는 전설도 있다. 고대 종교에서는 흰말이 태양신에 속하는 것으로 되어 있다. 말은 자연에서 예측할 수 없는 것, 의식이 밝아지도록 하는 요소를 표상한다고 볼 수 있다. 어린 마리나의 그림 속 흰말이 왼쪽 끝에 있었던 것은 아이의 무의식 속에 내가 알고자 했던 상처받은 여성-모성적 측면이 있다는 것을 시사한다고 볼 수 있다. 예후적으로 희망적인 것은, 풍요로움을 암시하는 밭에 씨를 뿌리고 있는 남자였다.

두 번째 회기에 마리나는 길에서 뽑아 만든 꽃다발을 가지고 왔다. 내가 고맙다고 하자, 그녀는 "나는 당신을 사랑하고, 당신은 나를 사랑해요. 이것이 아름답지 않나요?"라고 말하였다. 그러고는 "오늘은 그림을 그리고 싶어요."라고 했다. 나는 그녀에게 여러 가지 물감, 색연필, 파스텔과 수채화 물감을 내주었다. 나는 그녀가 확신에 찬 붓놀림으로 활짝 핀 튤립을 그리는 것을 놀라워하며 지켜보았다. 그 그림은 집으로 가져가 어머니에게 선물하려고 했다.

세 번째 회기 때 마리나는 다시 모래상자로 갔다(그림 50). 모래를 가로질러 길을 만들기 시작하였다. 그리고 집을 골라서 길과 떨어진 자리에 세워 놓았다. 그것은 우리 주변에서 발견할 수 있는 집들이었다. 그 앞으로 작은 물줄기를 만들고 그 위로 동양적인 건축양식의 다리를 만들었다. 그 옆에는 탑이 있고, 물 위로 정크선(돛대가 셋이고 밑이 평평한 중국 배)이 떠다녔다. 다른 동양적인 요소들로, 작은 사원과 흰 탑을 서쪽의 집과 나무들 사이에 놓았다. 아이는 이제 커다란 나무를 그림 왼쪽에 놓은 다음 이어서 그림을 가로질러 만들어 놓은 길 위에 사람들을 가득 채웠다. 마리나는 주의 깊게 살펴 모든 동양적인 피규어를 찾아낸 다음 아주 긴 인간의 행렬이 오른쪽에서 왼쪽으로 움직이는 것처럼 보이도록 놓았다. 맨 앞쪽에 이미 숲속으로 사라진 중국의 등불을 들고 가는 사람이 있었다. 마리나에게 그가 숲에서 무엇을 하는지 물어보자, "그는 빛을 어두운 숲속으로 가지고 가야 해요."

▲ 그림 50

라고 대답하였다. 나는 "그래, 네 말이 맞다."라고 말했다. 그녀의 마음이 치유의 길에 들어선 것이 분명해 나는 감동을 받았다. 어두움을 통과해야만 빛으로 나아간다. 영원한 진리가 여기서 자발적으로 어린 아이의 무의식에서 말을 하고 있는 것이다.

그녀는 학교에서 산수와 쓰기실력이 부족해서 반에서 뒤처진 학생이 되었다. 또한 어두운 피부색 때문에 반 친구들에게 따돌림을 당한다고 느꼈다. 그래서 그녀의 내면이 자주 어둡고 외롭게 보였던 것 같다. 첫 그림(그림 49)에서 이미 그녀는 이 상태를 상징적으로 고독하게 풀을 뜯는 흰말로 표현했다. 흰말은 동물임에도 불구하고 빛으로 안내할 수 있는 성질이 있다.

지금은 아이에게 내적인 고독에서 벗어날 수 있는 길을 보여 줄 해결점을 찾기 위해서 계속 이 어둠의 특징을 알아보아야 할 때다.

세 번째 그림(그림 51)은 그것에 관해서 좀 더 이야기해 주고 있다. 마리나가 하와이라고 이름 지은 섬이 있다. 섬의 왼쪽 위로 작은 숲이 있고, 그 앞에서 하와이 무용수들이 맞은 편에 반원으로 늘어서 있는 악사들의 음악에 맞추어 춤을 추었다. 조금 더 아래에는 작고 둥근 연못이 있다. 그 연못 위에 중국식 다리가 놓여 있었다. (이 다리를 건너 아래로 가다가 또 하나의 다리를 건너면) 다른 육지에 도달한다. 이곳에는 작은 나무 한 그루만 있었다. (하와이는) 물로 둘러싸여 있었고, 그 오른쪽에는 육지라고 부를 수 있는 곳이 있는데 완전히 비어 있었다.

▲ 그림 51

전체적인 모습이 슬픈 얼굴과 닮았다. 의식의 상징인 눈 대신에 무용수와 함께 이국적인 악사들이 서 있었다. 그 뒤의 숲은 머리 다발처럼 보였다. 다리가 놓인 작고 둥근 연못은 닫힌 입과 같은 인상을 주었다.

나의 견해로는 여기에 작은 소녀의 모든 외로움이 표현되어 있다. 이로써 무엇을 말하려 했을까? 입은 다물고 있으나 자신을 무용수들과 동일시하는 것일까? 먼 나라에서 온 아이라는 것, 혹은 아이가 이 환경을 낯설게 느끼는 것일까? 둘 다일 수 있다. 하와이에는 동양인과 서양인이 평화롭게 더불어 살고 있다. 무의식 깊은 곳에서 잠자고 있기 때문에 말할 수 없었던 무엇인가가 여기서 자신을 드러내고 있다. 아이의 내면은 외적인 조형 작업을 통해 표현되었다. 의식 가까이 놓여 있는 황량한 긴 땅은(그림의 우측) 마리나의 지적인 성장이 정체되었다는 표현이었다. 긴 땅에는 식물이 자라지 않았고, 생기가 없었다. 아마도 그녀는 입양된 것을 알기 때문에 더 고독했을 것이고, 그 고독 속에서도 마리나는 춤을 추고 있었던 것이다. 페르시아 시인의 멋진 구절이 저절로 기억났다. "원무圓舞의 힘을 아는 사람은 신 속에 살고 있다." 춤은 원래 인간의 자기 표현이다. 자신을 무의식적인 동작으로 표현할 때 그는 신이 창조한 그대로의 자신이다.

나는 작은 마리나를 잠시 가슴에 안아서 내가 그녀의 말을 이해했다는 것을 표현해 주었다. 이 어린 인간을 있는 그대로 완전히 받아들이는 것이 중요하다. 그때부터 마리나는 여러 가지 방법으로 자신을 드러냈다. 그것은 찰흙 또는 물감이나 에나멜로 만든 늘 작고, 예술적이며, 창의적인 형체였다. 하루는 찰흙으로 작은 가면을 만들었다(그림 52). 나는 그녀의 표현력에 크게 감탄하였다. 그것은 그녀의 나이 이상의 실력이었다. 그럼에도 불구하고 나는 처음에 그 찰흙가면을 가지고 무엇을 시작해야 할지 몰랐다. 그것은 예쁘고 특색 있는 얼굴이었으며, 낯선 표정을 하고 있었다. 그녀는 "별것 아니에요."라고 말했지만 그것을 마음에 들어한다는 것이 보였다.

▲ 그림 52

몇 주 후 그녀는 다시 모래그림(그림 53)을 만들었다. 중앙에 언덕을 만들어 교회를 놓았고, 바로 그 앞에 중국식 아치형 입구를 두었다. 교회 앞에서 길이 나뉜다. 왼쪽아래 방향으로 가는 길은 꽃나무들로 그늘져 있고, 아래로는 물이 흐르는 동양적인 작은 다리가 있다. 다리 위에는 양산을 든 작은 일본 여자가 서 있었다.

다른 길은 오른쪽으로 크게 굽은 길이다. 이 길을 따라가면, 거의 닫힌 원을 이루며 늘어서 있는 서양식 집 마을에 도달한다. 두 번째 그림에서 숲으로 가던 것과 같은 인간 행렬이 이 마을로 다가가고 있다. 작은 여자가 앉아 있는 인력거는 이미 출발을 한 모습인데, 이것이 집으로 가는 공주라고 마리나가 설명했다. 오른쪽 앞에는 둥근 연못과 물고기가 있었다.

▲ 그림 53

동양과 서양이 이곳 동양식 입구가 있는 교회에서 합쳐졌다. 마리나의 비밀은 그녀의 존재의 심연 속에서 떠올라 내게 이해되고 수용되었다. 이를 그녀가 느꼈고, 그래서 이 비밀은 안전하게 그녀의 존재 속으로 다시 돌아갈 수 있었다. 내가 안심한 것은 작은 일본 여자가 매혹적인 자태로 꽃나무 밑에 서 있었기 때문이다. 이것은 일반적으로 새로운 발달 단계에 도달하기 위해서는 항상 제물을 받쳐야 한다는 주제와 관련된 것이다. 미래에게 자리를 내주기 위해서 과거(그녀의 동양적인 부분)는 뒷전으로 물러나야 했다.

서양식 환경에 적응하려는 시도가 이제 시작될 것이다. 이 시도는 공주를 선두로, 두번째 그림(그림 50)에서와는 반대되는 방향으로 서양적인 건축양식의 마을로 향하는 인간 행렬에 표현되었다. 작은 소나무 숲의 풍경도 서양적인 성격을 지닌다. 그것은 마치 아이의 가장 깊은 내면의 본질 속에서 동양과 서양이 만난 것 같았다(교회에 동양적인 아치형 입구를 만든 것). 그리고 오로지 이러한 움직임을 통해서만 새로운 환경에 깊이 적응(많은 사람으로 표현됨) 할 수 있는 것 같았다.

연못의 물고기들은 기독교적인 특징의 자기를 의미할 수 있다. 이것에 도달하기 위해서 마리나는 자신의 일부(일본 여자)를 제물로 바쳐야 한다. 어른들의 경우 제물을 바침으로써 한층 더 의식화의 길을 가는데, 아이는 그것을 그림을 만들면서 체험한다.

일반적으로 말해서 나는 찰흙, 나무, 석고, 유리, 에나멜, 색종이 등의 재료나 색채로 작업할 것을 권장하면서 예술품을 기대하지는 않는다. 아이의 창조적인 측면을 파악하는 것이 주된 관심사다. 나는 예술적인 목적은 없고, 학교와 집의 매일매일 판에 박힌 일상에서 위축될 위험이 있는 에너지를 움직이게 하려고 시도한다. 인간의 전체성의 관점에서만 능력의 정상적인 발달을 기대할 수 있다. 이를 통해서 예술적 소질이 깨어난다면, 저절로 그 표현을 찾아간다. 그래야만 기술적인 측면도 성공적으로 전달될 수 있다. 치료자의 과제는 진정한 예술적인 소질을 발견하고 격려하는 것이다. 음악도 마찬가지다. 아이가 서투르게 작은 손가락으로 건반을 움직일 수 있다. 그러나 아주 간단한 선율만으로도 그 선율의 강약과 구성력을 보고서 우리는 소질을 알아챌 수 있고, 아이가 음악을 하도록 북돋아 줄 수 있다. 중요한 것은 아이가 감정의 측면을 발달시키고 그것을 전달하도록 하는 것이다.

마리나의 이야기로 돌아오자. 여름날, 우리는 해가 나면 정원에서 자주 놀이를 하였다. 나는 전체 발달과정을 안내하는 **자기**가 놀이에서도 치료자에 의해 활성화될 수 있다고 생각한다. 그래서 우리는 자주 어떤 공놀이를 하였다. 이 놀이는 놀이자가 번갈아 가면서 잔디밭 위로 조금 떨어진 곳에 작은 공을 던져 놓으면 더 커다란 여러 색의 공으로 그 작은 공에 가능한 한 가까워지도록 하는 것이다. 이때 시작점을 자주 바꾸어, 중심 잡기를 추구하는 아이의 여러 가지 다른 측면을 상징적으로 건드리는 것이 내게 중요했다.

그래도 모래에서 작업하는 것에 항상 다시 끌렸다. 얼마 후 다시 섬 그림(그림 54)이 만들어졌다. 그림은 이전에 만든 적이 있는 공주가 진입하던 바로 그 마을을 표현하고 있었다. 마을 광장의 내부공간에 삶을 가져온 것은 이번에도 역시 악사와 무용수들이었다. 무용수가 전체 그림에서 유일한 여성 피규어였음에도 불구하고, 이것은 아이의 심리에 중요한 변환을 가져왔다. 여기서는 춤이 행해진 곳이 원형圓形의 공간, 섬에 있다고 하더라도 일종의 테메노스Temenos, 즉 보호

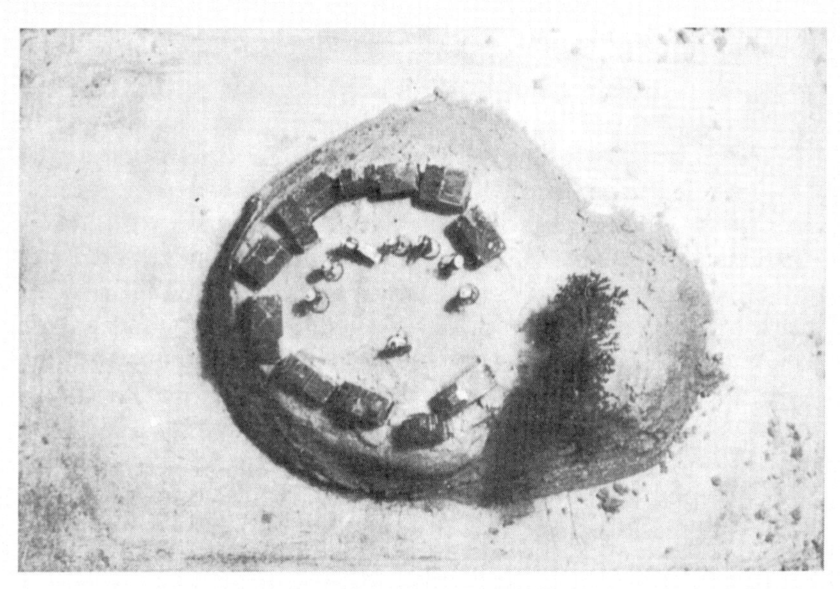

▲ 그림 54

된 공간이었다.

모든 진정한 자유, 아울러 발달의 자유는 보호를 전제로 한다. 이런 이유로 처음 섬 그림과 차이가 아주 컸다. 이전 모래그림의 무용수는 방치된 것처럼 보이고, 보호받지 못한 상태에서 자연에 맡겨져 있었다. 반면 이곳에서는 인간의 손으로 지어진 마을 속에서 보호받고 있다. 마을은 원의 형태로 보호자의 원형Archelype적 성격을 띤다.

상징의 은유적인 의미로서 닫히지 않은 타원은 아이가 태어나는 모성적인 그릇을 연상시킨다. 또한 섬의 형태는 양수와 열매인 태아가 밀려 나오는 자궁을 떠오르게 한다.

춤에 대해 노이만은 『대모大母 Die große Mutter』에서, "제의는 원래 항상 춤이기도 하다. 춤에서 신혼身魂 Körperpsyche이 말 그대로 움직이기 시작한다."[1]라고 하였다. 그렇게 해서 이 그림은 춤의 신비Mysterium를 통해서, 그리고 역동 속에서 움직이기 시작하는 성장에 대한 전조前兆다.

작은 마리나가 이렇게 만들어진 그림을 보고는, 춤을 추기 시작하였다. 그녀는 멜로디를 흥얼거리며 아주 행복해 보였다. 그녀는 감동의 빛이 역력하게 말했다. "춤을 한 번 출래요." 동시에 그녀는 창문 밖에서 정원을 거닐고 있는 닥스훈트를 발견하였다. 그녀는 달려나가 개를 안았다. 마리나가 올 때마다 개에게 애정을 표시하

---

1 Neumann, E. Die groβe Mutter, Rhein-Verlag, Zürich, 1956. p. 281.

였기 때문에 그 개는 가만히 있었다. "너는 나의 친구야, '곱슬거리' 니까." 머리가 긴 닥스훈트는 부드러운 긴 털이 있었고, 마리나는 부드럽고 '곱슬거리는 것'은 모두 좋아하였다. 그녀는 우리의 이웃이 기르던 토끼도 좋아하였다. 그녀는 항상 토끼에게 당근을 주면서 부드러운 털을 쓰다듬기를 좋아했다. 한 마리를 집으로 가져가고 싶어 했다.

그녀는 점점 더 완전히 확신 있게 움직였고, 자신의 체험을 만족스러워하면서 이야기하였다. 그녀는 내 곁에 있는 시간이 매우 짧게 느껴지는지, 시간을 어떻게 보낼지 미리 계획을 세워 왔다. 나는 그녀가 느리지만 꾸준하게 내적 확신을 얻어 가는 것을 느꼈다.

그렇게 해서 여름 끝 무렵에 '예수의 탄생' 이란 그림이 모래 위에 완성되었다(그림 55). 동굴 안에 마리아와 요셉, 그리고 목자들에게 둘러싸인 아기가 있다. 그 앞에는 마치 이 모든 것을 보호하듯이 아주 예쁘고 커다란 나무들이 있다. 왕들이 말을 타고 질주하여 다가왔다. 세 명의 동방박사와는 달리 여기서는 네 명이었다. 그들의 길은 두 개의 완전히 둥근 작은 언덕으로 나 있었다.

나는 감동을 받은 채 그림 앞에 서 있었다. 지난번 그림과 정확하게 연속될 뿐 아니라 원형적인 탄생을 표현했기 때문이다. 아동이 언어로는 표현할 수 없는 것을 상징적으로 표현할 수 있게 하는 예술적 능력을 증명하였다. 세 번째 그림이 혼자 남게 됨, 버려짐을 뜻했다

▲ 그림 55

면, 이 그림은 완전히 새로운 영혼의 상태를 탄생이라는 상징으로 표현하고 있었다.

숨겨진 동굴에서 아이가 태어났고, 사랑으로 받아들여졌다. 상징적으로 마리나는 그의 버림받음을 극복하였다. 융은 『신적인 아이』에서 어린이 원형에 대해 말했다. "'어린이' 운명은 엔텔레키Entelechie나 **자기**의 생성이 진행되는 심리적 사건을 표현한 것으로 간주할 수 있다. 이 '놀라운' 탄생은 생성이 체험되는 방식을 기술하려는 시도다."[2]

작은 소녀의 내적 체험의 전체성은 네 명의 왕이 서둘러 오는 것으로 표현되었다. 이들 피규어의 왕적인 성질에 수반되는 집단적이고 원형적인 측면은 **자기**의 배열konstellation로 생기는 내면內面과 외면의 통합을 가리킨다. 치료자와 어머니-아이 일체감이 생성될 때 신성함과 함께 중심 잡기가 일어난다. 이 중심 잡기 체험을 바탕으로 해서만 마리나는 자신의 인격과 소질을 개발할 수 있을 것이다. 그리고 그것이 가능해지면 그녀는 세상을 헤쳐나갈 수 있다.

그녀의 인격에는 진정한 여성성도 속해 있었다. 마치 그녀가 이 여성성을 작은 가슴의 표현인 두 개의 작은 언덕으로 드러낸 것이 아닌가 생각된다. 그녀는 어머니가 되기 위해 태어났다. 그녀는 언젠가 결혼해서 아이를 낳을 것이라고 이야기하고 있다. 얼마나 당연한 말인가.

치료 시간에 새로 얻은 인격을 강화하는 노력을 하였다. 새로운 측면은 막 땅에서 싹터 오르는 식물처럼 연약하였다. 그때 마리나는 다시 열심히 공예에 관심을 돌렸다. 석고로 작은 소녀를 만들었고,

---

2 Jung C. G./Kerényi, K. Das göttliche Kind, Albae Vigiliae Heft VI/VII, Pantheon Akademische Verlagsanstalt, Amsterdam-Leipzig, 1941, p.105.

에나멜로 예쁘고 작은 장신구를 만들어 대부분 어머니나 친구들에게 선물했다.

이제 새롭게 학교 문제가 거론되었다. 특히 언어와 쓰기에는 큰 진전이 없었다. 그것을 치료하기 위해서는 전적으로 시간이 너무 부족했다. 4개월간 일주일에 두 번씩 치료를 받았다. 그런데도 아버지는 항상 소녀의 지적 능력을 의심했다. 반면 두 번째로 입양된 다섯 살된 아이는 아주 똑똑해 보였다. 그녀는 밝은 피부색에, 직접 표현은 안 했지만 부모의 사랑을 받는 딸이 분명해 보였다. 이것이 마리나로 하여금 자신을 있는 그대로 관철시키는 것을 매우 어렵게 만들었다.

우리는 마리나가 자신의 어려움을 극복하기에 적당한 방법에 따라 읽기와 쓰기를 가르쳐 줄 과외 선생님을 구하기로 했다. 마리나는 거의 매일 선생님의 가르침에 따라 하루 일어난 일에 대한 짧은 글을 쓰기 시작하였다. 알지 못하는 단어나 맞춤법이 어려운 단어는 특별히 크게 써서 명확하게 한 장의 종이에 따로 알파벳 순서대로 정리하였다. 그렇게 해서 자기만의 맞춤법 책이 만들어지고 마리나는 모르는 단어를 그것으로 배워가며, 잊어버리면 들춰 보곤 했다. 글은 처음에는 아주 짧아서 네 문장 정도로 간단했다. 선생님은 그것을 활자체로 베껴 쓰고 마리나는 예쁜 그림을 그렸다. 각 장을 정성 들여 링노트에 넣었고, 점점 다채로운 이야기와 그림이 들어있는 작은 책이 만들어져 갔다.

마리나는 되도록 열심히 쓰고 읽으려 했고, 그 글들은 그녀의 심리 발달에 관한 정보를 주었다. 일곱 번의 수업 시간 후 그녀는 눈에 띄게 읽기가 향상되었다. 그다음 날 밤 그녀는 반에서 일등을 하는 꿈을 꾸었다. 그녀는 신에게 도와달라고 기도하였다.

예수의 탄생을 통해 인상적으로 표현된 자발적인 종교적 체험이 계속 깊어 가는 것 같았다. 마리나는 찰흙으로 그리스도와 비슷하게 생긴 얼굴을 만들었다(그림 56). 마리나가 4개월 전에 작은 얼굴(그림 52 참조)을 만들고, 그것에 대해 아무 말도 하지 않으려 했던 것에 비하면, 그녀의 내면에 일어난 변환이 여기서도 명백하였다. 그 작은 얼굴은 멕시코 가면 같았었다. 그에 비해 새 것은 그리스도의 고요한 표정이었다.

▲ 그림 56

아마도 시간이 지나면서 마리나의 내적인 불안은 완전히 사라질 것이다. 그래도 아직은 내적 불안이 가끔 표출되었고, 어떤 이유로 어른들의 관심이 동생에게 쏠리면 그녀는 위로받고 싶어 했다. 그녀의 어린 동생이 예방접종에 쇼크 상태를 일으키자 마리나는 어머니의 비단 숄로 팔에 삼각건을 만들어 둘렀다. 그녀는 특별히 관심을 받기 바라는 욕구가 있었다. 그러나 쉽지 않았다. 내가 여러 번 확인시켜 주었음에도 불구하고 아버지는 마리나의 지적 능력이 평균에 달한다는 것을 믿으려 하지 않았다. 그리고 그는 그녀에게 능력 이상의 것을 읽게 하였다.

마리나는 자신의 약점도 받아 주는 선생님과 읽기를 하는 것이 분명히 쉬웠다. 이후 그녀는 계속 나아졌다. 과외 지도를 받은 지 2개월 째 중요한 순간이 왔다. 마리나는 어느 날 저녁 아버지 앞에서 그가 준 모든 것을 실수없이 읽을 수 있었다. 아버지는 오랫동안 기다리던 일이 일어나서 깊이 감동하여 가족파티를 열고 이 순간을 확실히 축하하였다.

여기서 우리는 양부모와 양자녀 사이의 관계에서 어려움을 가져올 수 있는 주제를 발견하였다. 부모는 희망하는 아이의 모습을 만들어 놓고 자녀가 이 모습에 처음부터 맞지 않으면 큰 문제에 부딪힌 것으로 본다. 그래서 서로 실망하게 된다. 이때 치료자는 부모와 자녀가 각각 처한 환경과 그들의 사고 세계 속으로 들어가 생각할 수 있는 특별한 능력이 필요하다. 부모와 자녀를 포함하는, 치료 공간 안에서 추구되는 대극에 접근하는 것이 여기서의 주제다.

그들은 머지않아 고국으로 돌아갈 생각이었기 때문에, 마리나가 현저히 나아지자 부모는—내가 보기에는 너무 일찍—그녀를 고국의 학교에 입학시키려 했다. 여행을 떠나기 직전 나는 마리나에게 모래상자에 모래그림을 하나 만들도록 요청했다. 나는 부모의 갑작스러운 결정에 대해서 마리나가 어떤 인상을 받았는지 정보를 얻고 싶었다.

다시 섬이 나타났다(그림 57). 그러나 이번에는 언덕 위에 세워진

▲ 그림 57

단단하고 닫힌 성이었다. 성 안쪽 마당에 있는 탑은 보통의 성에 있는 관망하는 탑이 아니었다. 그것이 성 안의 교회에 속하는 것이 마리나에게 중요했다. 나무와 꽃이 핀 덤불이 성곽을 둘러싸고 있었고, 그 앞에 흰 옷을 입은 소녀가 서 있었다. 아래로 육지와 연결되는 다리에는 강한 남자가 지키고 서 있었다. 옆에는 작은 배가 정박하고 있었다.

흔히 성과 궁전은 중세 초기에는 아주 높은 곳에 지어져서 내부를 보호하는 역할을 한다. 1m 두꺼운 벽 뒤의 삶과 재산은 안전하게 지켜졌다. 누가 그 성 안에 사는지 묻자 마리나는 "마리아"라고 대답하였다. 나는 그녀가 몇 주 전 예수의 탄생을 표현한 후, 신의 어머니, 원형적인 어머니—작은 소녀처럼 죄 없이 수태한 어머니, 그리고 그리스도의 어머니로서 모성적 보호의 상이 되었던 마리아를 어렴풋이 느낀다고 가정할 수 있었다.

이곳은 마리나가 스스로 획득한 안전지대였다. 그것은 벽 뒤로 자신이 새로 얻은 소유물을 침입자로부터 보호할 자신의 성이었다. 여기서 더는 포기하지 않으려 하는 그녀의 내적인 확신감을 느낄 수 있었다. 보초가 누구를 이 성 안으로 들어오도록 허락할지 결정할 수 있었다. 이로써 나는 예측컨대, 그녀는 어떠한 도움이 없이도 미지의 새로운 삶의 환경을 맞이할 수 있을 정도로 안정되었다.

마리나의 심리적 발달의 전체적 과정은 프랑스 민담을 떠오르게 한다. 젊은 남자가 흰 암말의 도움을 받아 어려운 과제를 풀고 공주를 얻는다. 그 남자는 암말을 결혼식에 초대했는데, 흰 암말은 마리아의 형상으로 나타났다—여기 기술된 사례와 놀라울 정도로 유사하다.

8

23세 여성

너무 약한 자아의 강화

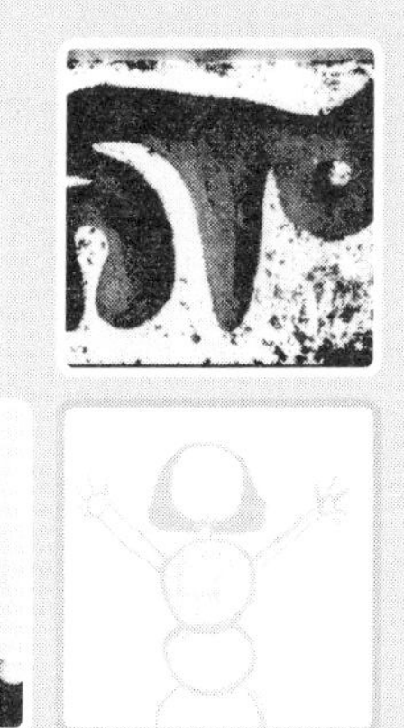

23세 여성
너무 약한 자아의 강화

우울증을 앓는 스물세 살 여성의 첫 그림(그림 58)은 아주 침울한 분위기 속에서 한 시간 반 동안 만들어졌다. 그녀의 상태에 대한 대화를 하기에는 적절한 시기가 아닌 것 같아서 모래놀이를 하면서 인간 안의 깊고 원시적인 층으로 직접 들어가 보도록 하였다.

그림은 여성성과 남성성의 상징을 표현하고 있었다. 자궁과 남근이 나란히 놓여 있고 이것에 원이 붙어 있는데 원에서 나온 꼭지가 오른쪽 위를 가리키고 있었다. 전체적으로 태아의 형상이면서 무의식적, 초기 아동기적인 대극의 지각이 자기 안에서 합일하는 명백한 경향과 함께 표현되었다.

그녀는 모래를 만지면서 찰흙을 가지고 작업하려는 욕구를 보였다. 그리고 3일 후 그믐달을 팔에 들고 있는 마녀 그림이 나왔다. 마녀는 원형적인 부정적 모성의 상징으로 그것의 극복이 사라져가고 있는 달에 상징화되어 있었다(그림 59).

이틀 후 한 번 더 모래그림이 만들어졌다(그림 60). 초승달에서 나무 한 그루가 자라고 있다. 나무는 성장력과 대극의 합일—나무 기둥은 남성적 원칙, 나뭇가지가 펼쳐져 있는 위 부분은 여성적 원칙—로서 자기를 표현한다.

다시 이틀 후에는 찰흙으로 그리스도를 만들었는데 초승달을 팔에 들고 있었다(그림 61). 이 조형물에서 **자기**가 신의 이마고 imago Dei로 표현되었다. 그것은 새로운 여성적 삶의 유래지로서 초승달에 표현된, 계속 발달하는 것의 터전을 포함하고 있다. 이 새로운 삶은 다음 표현에 인상적으로 묘사되었다(그림 62). 그것은 새로 태어난 여자 아이를 팔에 앉고 있는 수도사였다.

자신의 깊은 층을 다루면서 그녀는 무의식 속에서 다시 태어나는 것을 체험했다. 그런 연후에 그녀의 남성적 요소가 왕자, 원시인, 마지막으로 소년을 조형하면서 긍정적으로 암시되었다(그림 63, 64, 65).

빠른 속도로 조형물을 연달아 만드는 것은 이어지는 분석에 대한 기대감의 표출이다. 분석은 의식화하는 것과 아주 풍부한 꿈 자료의 통합이며, 분석하는 동안 발달장애가 야기된 시점이 발견된다. 그것은 그녀가 세 살 때 인간을 그린 것이라고 스스로 말했던 그림에 나타나 있었다. 나의 부탁으로 기억 속 그림을 다시 한 번 그렸다(그림 66). 네 개의 원으로 된 소변과 대변을 배설하는 아이를 표현했다. 이 그림은 어두운 측면도 포함하는 인간의 전체성 체험과 동일하다. 우리의 오늘날의 문화는 우리 존재의 어두운 측면을 억압하기 때문에 이 그림을 아이의 어머니는 얌전하지 못하다고 그녀가 보는 앞에서 찢어 버렸었다. 자기의 현현이 방해받은 것이다. 그러나 이 측면은 분석과정에서 다시 만들어졌고, 연이은 두 개의 3차원 만다라의 형태로 모래상자 속에서 아주 잘 드러났다(그림 67, 68).

▲ 그림 58

그림 59 ▶

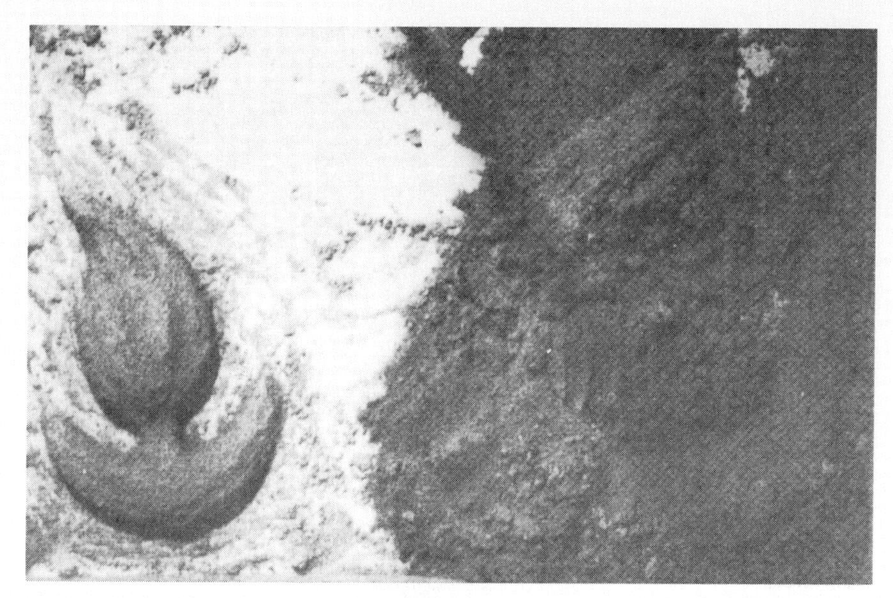

▲ 그림 60

◀ 그림 61

그림 62 ▶

◀ 그림 63

▲ 그림 64

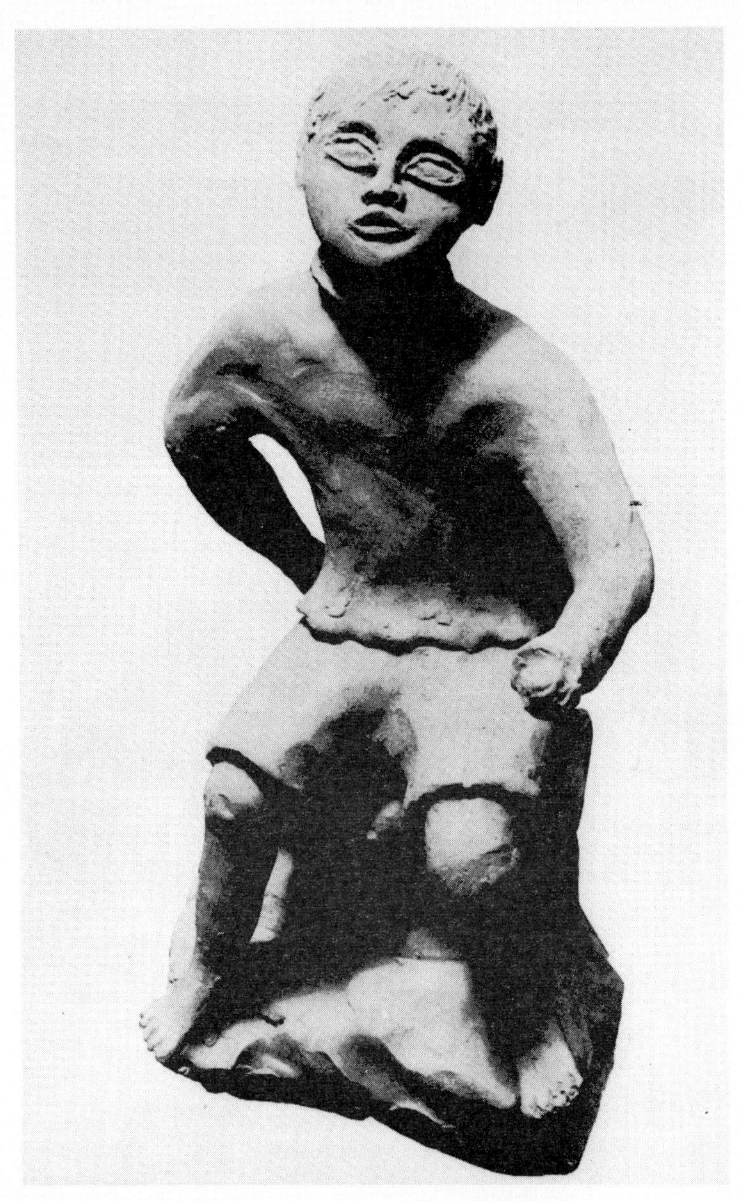

▲ 그림 65

▲ 그림 66

▲ 그림 67

▲ 그림 68

9

25세 청년

홍조증 사례의 종교적 배경

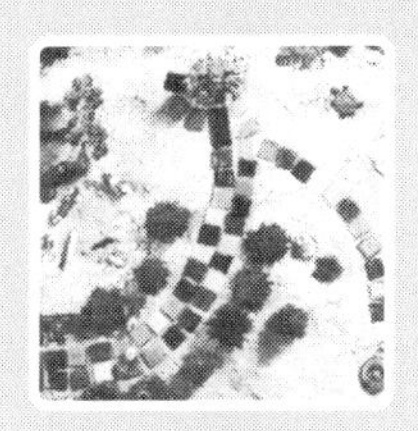

25세 청년
홍조증 사례의 종교적 배경

그림 69는 스물다섯 살 남성의 첫 그림이다. 그는 홍조증으로 괴로워했는데, 홍조증이 대인관계를 심각하게 방해했을 뿐 아니라 그의 발달과 직업을 결정하는 데도 악영향을 미쳐 나를 찾아왔다. 그는 대화를 통한 분석 치료에서 효과를 보지 못해 결국 모래상자 치료로 도움을 받고자 했다.

그는 피규어를 바라보고 별 감흥을 느끼지 못했다. 그 대신 여러 종류의 푸른색 모자이크 돌을 모래 위에 놓아서 사각형을 만들었다. 푸른색이 대부분이었고 중앙 가까운 곳에 몇 개의 돌만 붉은색인 것이 눈에 띄었다. 그리고 좀 더 왼쪽으로 노란색 돌이 두 개 있었다. 그래서 나는 그에게 '노랑' 이 무슨 의미가 있는지 물어보았다. 잠시 생

▲ 그림 69

각한 그가 말했다. “유대인이 박해받을 때 노란 별을 잘 보이게 옷에 걸고 다녀야 했지요.” 즉시 이 대답이 나와서 이 젊은이가 사실은 종교적인 문제에 몰두하고 있다는 인상을 받았다. 이 생각은 모자이크에서 대부분을 차지하고 있는 푸른색을 통해 뒷받침되었다. 푸른색은 하늘의 색이다. 성모 마리아의 외투도 푸른색이다. 이런 이유로 푸른색은 기독교의 상징으로 간주되었다. 여기에 기독교-유대교적 문제가 놓여 있는 것일까?

두 번째 그림을 만들면서는 피규어를 사용하였다(그림 70). 야자수, 밀짚모자, 동물, 검은 피부의 무용수, 몇몇 흑인 아이는 검은 대륙으로 불리는 아프리카 지역을 가리킨다. 심리학적으로 볼 때 젊은이

▲ 그림 70

의 문제는 아직 무의식 속에 있는 듯했다. 검은 피부의 여성 무용수도 아직 숨겨져 있는 그의 본질을 가리킨다.

남성 안에 자리한 여성적인 본질의 측면은, 우선 어머니에게서 체험되고 그래서 모성적인 기본 특징이 있다. 청년이 자라면서 그 성질은 본성에 맞게 바뀌며, 융이 아니마라고 부른 형상에 해당한다. 아니마는 무의식적으로 남성성의 발달 과정을 수반한다. 그 이름이 말하듯이 발달에 혼을 불어넣는다.

검은 피부의 무용수는 여기서 젊은이의 발달을 다시 진행시킬 수 있는 아니마라고 할 수 있다. 눈에 띄는 점은 그가 나의 수집장 안에 그 수가 부족했던 경우를 제외하고는 동물 피규어를 놓을 때 항상 두 개씩 놓았다는 점이다. 숫자 '2'는 대극뿐 아니라 대극을 결합하는 경향을 상징한다. 플라톤은 '하나와 다른 하나'에 대해 이야기했다.

모자이크(그림 69)를 다시 들여다보면 앞의 색들이 서로 다르게 배치된 것이 눈에 띈다. 노란색은 억눌렸거나 푸른색의 보호하에 숨겨져 있는 것처럼 보인다.

세 번째 그림은 우리를 발굴장소로 데려간다(그림 71). 고고학자들이 금빛 찬란한 돌로 된 사각형 모양의 소중한 지형을 탐색하려 한다. 짐을 어깨에 짊어진 여행자는 왼쪽 아래 구석에서 발굴된 보물이 있는 곳으로 가고 있다. 우리는 그를 헛되이 자신의 고향을 외적인 환경에서 찾으려 하는 방랑자라고 할 수 있다. 왜냐하면 고향은 자신의 안에서만 찾을 수 있기 때문이다.

▲ 그림 71

청년은 자신의 조상의 고향, 자신의 뿌리와의 잃어버린 관계를 되찾으려는 길을 떠나려는 것이 분명한 것 같다. 그림으로 판단해 볼 때 그것은 근동지방에 놓여 있고, 이제 막 발굴이 시작되려 하고 있다. 그는 어릴 때 유대인에 대한 박해를 피하기 위해 수도원에 보내진 일이 있다고 내게 이야기해 주었다. 수도원으로 보내진 덕분에 유대인 추격으로부터 보호받을 수 있었던 그는 같은 맥락에서 최근의 꿈이 하나 떠올랐다. 그 꿈에서는 '나를 찾습니다.' 라고 신문에 적혀 있었다.

청년은 초기 청년기에 자신의 전통에 따라 살 수 없었을 뿐 아니라 모성성의 포근함도 체험하지 못했다. 내가 처음에 언급했듯이, 나는 아동의 초기 발달에서 이러한 요소들이 중심화의 배열Konstellation을 방해할 수 있다고 생각한다. 건강한 자아는 중심으로부터 발달할 수 있는 것이다. 모성성의 결여로 모성 속에 보호되는 것에 대한 그리움이 과도하게 커지면 정상적 발달을 방해한다. 그의 꿈에서 우리는 주어진 여건 속에서 자아-의식이 만들어지지 않았다는 것을 알 수 있다.

다음 그림에서는 언덕을 만들고 언덕 위에는 나무를 세워 놓았다(그림 72). 그 옆으로 그가 말하는 바에 의하면 유대인이 서 있다. 모든 종류의 인간들, 건강하거나 들것에 실려 가는 병든 이도 구불구불한 산길을 올라가고 있다. 방랑자는 다리 위에 있다. 그는 말하자면

▲ 그림 72

발달을 방해했던 '하나와 다른 하나'를 인식하는 길 위에 있는 것이다. 다리는 두 개 사이의 극을 연결하는 상징이다.

높은 언덕에 서 있는 나무는 예로부터 성스러운 장소를 알려 준다. 그는 유대인들이 예루살렘으로 순례하고, 자신은 산으로 간다고 말했다. 즉, 이것은 유대인의 고향의 상징이다.

그는 이 길을 감으로써 자신의 운명의 요청에 따르는 것이다. 그는 자신이 모든 다른 사람과 같이 구불구불한 산길로 순례의 길을 떠나는 방랑자라고 했다. 모든 사람과 함께 가는 이유는 자신으로의 길을 찾는 것이 **모든** 인간의 과제이기 때문이다. 이 길은 인간에 내재되어 있는 신적인 것의 체험이다. 일방성, 합리성에 맞추어진 중세

이후의 사고방식, 운명과의 대응, 전쟁과 불안 고향으로부터 쫓겨남을 통해서 많은 사람들에게 종교적인 것에 관계하는 가능성이 막혀 있고, 신적인 것과 하나가 되는 것이 좌절된 상태다. 그들은 모두 그들에게 닫혀 있는 가능성, 무의식 안에 머물고 있는 목표를 찾고 있다.

언덕 뒤에서 아이들이 놀고, 두 번째 그림에서와 같은 검은 피부의 무용수들이 춤을 추고 있다. 청년은 이전의 무용수들(그림 70)은 갈등 상황에서 움직이고 있는 반면, 이 장면은 파라다이스적이라고 말하고 있다. 이 그림에서 우리는 청년의 발달을 볼 수 있다. 그는 모든 사람이 가야 하는 개성실현으로의 길을 가고 있는 것이다.

이 그림 후에 나는 그에게 이스라엘로 여행을 갈 수 있는지 의논하였다. 이것이 그의 심리적 발달에 도움이 될 것 같았다. 그러나 경비가 없었다. 하지만 '우연한' 만남을 통해 그는 이스라엘로 초대를 받게 되었다.

그가 여행을 떠나기 전에 한 번 더 모래그림(그림 73)을 만들었다. 그는 이것을 '파라다이스 정원' 이라고 불렀다. 울타리로 둘러싸여 있었으나 대문을 통해서 작지만 예술적으로 세워진 사원으로 들어올 수 있게 하였다. 이 모든 것에 마술적인 고요함이 있었다.

'하나와 다른 하나' 의 결합이 성역으로의 원형적 길에 가시화되었다. 그곳에는 푸른색과 노란색이 상당히 균등하게 분포되어 있고 가장자리에서 성역의 중앙을 향해 인도된다.

▲ 그림 73

우리는 많은 고대 문화(이집트, 바빌론)로부터 신이나 성역을 참배하는 제사의식을 알고 있다. 오늘날에도 가톨릭 신앙에서 행렬기도(prozession)는 변환으로 인도하는 제사의식으로 행해지고 있다.

여기서는 자신의 내면에 숨어 있는 보물에 도달하는 것, **자기**를 체험하는 것에 관한 것이다. 두 번째 그림에 암시된 것은 종교적인 대극의 결합과 어두운 아니마의 변환이 하나의 제의 안에서 이루어지려 하고 있다. 작은 사원 안에서는 원형적이고, 집단적인 아니마 형상인 공주가 춤추고 있다. 많은 문화에서 춤은 성도(聖徒) 숭배의 제의에 속한다. 인간이 신적인 것에 포착되면 비로소 그는 자기 자신일 수 있으며, 그는 신 안에서 휴식하고, 영혼이 그의 안에서 영향을 끼치기 시작한다. 아니마가 인간 안의 자유롭고, 창조적인 충동을 움직이게 한다고 말할 수 있다. 아니마는 보호감을 전제로 하는 진실된 자유를 성취하는 데 영향을 준다.

작은 사원, 정원 전체에 흐르는 파라다이스적인 고요함이 이 보호감을 보증해 준다. 나의 경험에 의하면 그림들 속에서 아니마는 중심잡기[Zentrierung]와 함께, 혹은 그 이후에 곧바로 나타난다. 그림에서 알아볼 수 있는 것과 같이 아니마가 가시화되는 것은 자아 발달의 새로운 측면을 기대하게 한다. 내가 처음에 언급한 것처럼, 이것은 중심잡기 이후로 두드러지기 시작한다. 어머니-아이 일체감이 해체되면서 모성적인 보호감이 사라짐으로써 자아가 이제까지 긍정적으로 발달하지 못했던 것이다.

청년은 이스라엘에서 다음과 같은 꿈을 꾸었다. 그는 불 뿜는 화산 가까이에 있는 인간을 관찰하였는데, 그들의 살갗이 너덜너덜해져 넝마처럼 붙어 있었다. 이 모습은 뱀이 껍질을 벗듯이 변환과 재생의 과정을 떠올릴 수 있다. 연금술 작업에서와 같이 변환은 불의 열기에서 이루어진다. 그래서 자신을 새롭게 하는 삶의 힘은 흔히 불로 표현된다. 의미심장한 체험은 의식으로 떠오를 때 강한 감정이 수반된다.

'다른 것' 즉, 이스라엘과의 실제적인 만남은 그림에서 예감으로 표현되었던 자기가 현현되게 하는 변환의 과정을 체험하게 하였다. 이는 그로 하여금 세계를 새로운 시각에서 바라보게 한다. 그는 돌아온 후 공원의 큰 나무 아래에서 새로 태어난 아이를 발견하는 꿈을 꾸었다. 어린아이에는 새롭게 얻은 세계관의 표현이다. 이것은 그가 '하나 **혹은** 다른 것' 으로 선택해야 하는 것이 아니라 이 둘을 체험하였기 때문에 '하나 **그리고** 다른 것' 을 살 수 있다.

다음 그림(그림 74)은 그가 말하는 바와 같이 이스라엘에의 착륙을 표현한다. 동물이 있는 사막의 풍경이다. 자세히 살펴보면 그림에 표현된 언덕은 태아처럼 물속에서 무릎을 잡아당겨 웅크리고 있는 모습의 여성의 형체다. 여기에서는 땅으로부터, 즉 무의식으로부터 태어난 개인적인 아니마에 관한 것이다. 청년이 자신의 바탕이 되는 땅과 접촉하였을 때 태어난 것이다. 초원에 자유롭게 사는 동물은 무의식의 동물적 차원을 의미한다. 자아와 같이 아니마도 자기 현현 이후 아직 원시적인 차원으로 나타난다.

▲ 그림 74

이로써 그 출발점이 내적인 탄생 속에 놓여 있던 하나의 원이 완성되었다. 이로써 문제는 풀렸다. 얼굴이 붉어지는 것은 사라졌고, 얼마 후 청년은 일자리를 구해 직업 문제도 해결했으며, 이제 미래로의 길이 뚜렷해졌다.

에너지가 자유롭게 풀려서 새로운 삶을 창조할 수 있게 되었다. 그림에는 이 뻗어가는 힘이 보다 넓은 길로 표현되었다(그림 75). 이 큰길은 푸른색과 노란색 외에도 많은 다른 색을 포함하며 넓게 펼쳐져 있다. 길 양쪽으로 나무들이 늘어서 있으며, 길 끝에는 과실이 달린 나무가 있다(오른쪽 아래). 샘물은 새로운 생명을 상징한다. 그곳으로부터 여러 가지 색으로 만들어진 길이 위의 큰길로 통한다. 그 옆에 창조적 작업에 필수적인, 자신의 여성적 측면을 나타내는 여성 피규어가 앉아 있다.

나무는 여기서 땅속으로부터 자라나오는 것, 남성성과 여성성을 결합하는 것, 생장력과 생산력을 상징한다.

▲ 그림 75

나가는 말

– 도라 칼프의 후기

나의 치료실에서 일어난 많은 일 가운데, 아동 및 청소년의 심리발달과정에서 이제 더 이상 견딜 수 없게 된 정체 상태가 극복되어 다시 흐름을 타게 될 수 있는지, 몇몇 사례를 통해 보여 주고자 하였다. 그런 정체 상태는 보통의 이성적인 설명으로 접근해서는 해결되지 않는다. 우리는 심리의 수없이 많은 측면의 본질을 그림과 꿈으로 전달하는 상징언어와 씨름하는 일에 매달린다. 이러한 방법으로 우리는 인간 안에 있는 창조적 씨앗에 다가갈 수 있고, 우리가 본 바와 같이, 이것이 삶에 대면하여 행동의 변환과 변화에 영향을 끼칠 수 있다.

예시된 사례를 보면, 이미 첫 그림에 상징적으로 암시되었던 더 높은 발달 단계가 시일이 짧게 걸리기도 하고 길게 걸리기도 했지만 이루어졌다. 여러 다른 일련의 사례를 들 수도 있겠지만 여기서는 단지, 특히 전형적인 발달 과정을 보여 주고자 하였다.

때로는 치유에 대한 기대가 충족되지 않았던 상황도 있었다. 치료에서 힘의 질서를 새로 잡는 데 영향을 주는 것이 성공하지 않을 수도 있기 때문이다. 숨겨진 채로 진행되고 있는 것에 기인하는 심리 과정이 표현한, 그런 비합리적인 사건에서 치료받고 있는 아동의 부모를 납득시키고, 완치를 위해 필요한 인내심을 갖게 하는 것은 힘든 일이다. 특히 짧은 기간에 호전되는 기미가 보였을 때 더욱 더 그러하다.

심리 발달 과정은 주역의 주석에 기술된 흐르는 물에 비유하는 것이 가장 적절하다. "항상 쉬지 않고 흐르면서, 흐름을 통해 모든 곳을 채운다. 위험한 곳을 꺼려하지 않으며 추락하는 것도 머뭇거리지 않는다. 결코 아무것도 그 본질을 앗아갈 수 없다. 어떠한 경우에도 자신에게 충실하다. 그래서 진심은 어려운 상황에 처했을 때 자신의 마음속에서 그 상황을 돌파할 수 있게 한다. 우선 내적으로 상태를 제압할 수 있으면, 외적인 행동에서의 성공은 저절로 뒤따라온다."[1]

우리가 일을 하는 동안 모든 행동을 좌우하는 내적인 조화를 이루는 일에 성공하면, 우리는 은혜를 입은 것이라고 말할 수 있다.

---

1 *I Ging.* Das Buch der Wandlungen, R. Wilhelm 번역과 주석.
Eugen Diederichs, Düsseldorf/Köln, 1923.

도라 칼프의 생애와 융학파 모래놀이의 탄생

– 마르틴 칼프의 후기

나의 어머니인, 도라 마리아 칼프(1904~1990)의 책 『모래놀이』의 증보판이 나오게 되어 기쁘다. 출판사에서 이 기회를 빌려 나에게 후기를 부탁하였다. 나 자신도 모래놀이 방법을 사용하여 일하고 있고, 어머니에게서 물려받은 것을 감사하게 생각하고 있기 때문에 이 부탁을 흔쾌히 수락하였다.

'모래놀이'는 심리치료와 자기체험의 방법이다. 이 방법은 세 개의 서로 다른 근원을 갖고 있으며, 나의 어머니에 의해 통일되어 하나로 연결되었다. 그 세 개는 융C. G. Jung의 분석심리학, 마거릿 로웬펠드Margaret Lowenfeld의 '세계 기법World Technique' 그리고 동양의 사상이다.

어머니가 심리학자로 소명을 받은 것은 비교적 인생 후반기였다. 1948년에 설립된 스위스 취리히 융연구소C. G. Jung Institut-Zurich에서 6년간 수련을 받았는데, 1949년 입학할 당시의 나이는 이미 45세였다.

그녀는 이혼1949년 후 세 살과 열 살 된 두 아들을 맡아, 혼자 아이를 키우는 어머니로서 새로운 삶을 시작하려고 하였다. 전쟁 이후로는 그라우뷘덴 주의 산마을 파르판Parpan에 있는 작은 집에서 살았다. 그곳은 융의 가족 중 누군가가 휴가를 보내던 곳이기도 하였다. 우연히 형 페터가 융의 손자들과 사귀게 되어, 어머니에게는 결정적이었던 융과 그의 부인인 엠마와의 만남이 이루어지게 되었다. 그녀는 융의 심리학을 더 깊이 연구하면서, 분석을 받고 학업을 시작하도록 격려받고 용기를 얻었다. 보통은 엠마 융에게 분석을 받았는데, 특별한 개인적 주제에 대해서는 융에게 분석을 받았다.

어머니는 취리히 호숫가에 리히터스빌의 유복한 집안에서 태어났다. 둘째 아이로 두 명의 자매와 한 명의 형제와 함께 자랐다. 그녀는 세심한 배려를 받으며 양육되었고 교육을 받았다. 그녀의 아버지는 영향력 있는 인물이었다. 그는 직조 공장주, 국회의원, 군 지도자였고, 동시에 기꺼이 신학자도 될 수 있을 만큼 종교에 관심이 있었다. 그녀의 어머니는 마음이 따뜻하고 사회참여적인 여성이었으며 큰 살림을 능숙하고 사려 깊게 이끌어 나갔다. 나의 어머니는 어린 소녀시절에 엥가딘의 여학생 기숙학교를 다녔다. 그리스어 선생님에게서 영감을 받아 산스크리트어를 배웠고, 나중에 중국어 기초도 배우게 되었다. 이와 함께 동양철학과 도교에 대해 관심을 갖기 시작하였다.

젊은 여성으로서 그녀는 피아노 연주자 교육을 받으면서, 당시 파리의 저명한 로버트 카자데수스 선생님에게 가기도 했고, 희귀해진 제본 기술을 배우기 위해 이탈리아에도 갔다.

스물아홉 살 때 그녀는 네덜란드 은행가와 결혼하여 네덜란드로 이민하였다. 동양예술에 대한 깊은 관심이 두 사람을 연결해 주었다. 여러 사회활동을 하면서 왕족과도 관계를 갖는 지도적 삶을 누렸다. 그러다가 1939년에 나의 형인 페터가 태어났다. 젊은 가정의 행복도 짧게 끝이 나 버렸다. 곧 전쟁이 발발하고 독일군의 공격과 함께 어려운 시절이 시작된 것이다. 집은 독일군 장교가 취하게 되었고, 막바지에 혼자서 아이만 데리고 가까스로 스위스로 돌아왔다. 별거 기간은 결국 이혼으로 이어졌다.

나의 어머니가 분석가 수련을 시작했을 때는 이미 이렇게 파란만장한 삶을 살고 나서였다. 그녀는 삶의 다양한 경험이 치료자로서 일할 때 많은 도움이 되었다고 회상한다. 그것은 아이들과 일할 때 자주 사용하게 된 피아노에도 해당되었다.

그녀는 아이들의 세계로 들어가 이해하는 데 각별한 재능이 있었고, 이것은 융과 융의 부인에게도 눈에 띄었다. 그들은 어머니가 아이들과 치료적 작업을 하도록 용기를 주었다. 그러나 아이들과 분석적 작업을 하기 위한 방법은 당시에는 전혀 없었다. 융은 주로 인생 후반기에 관심이 많았으며 꿈 분석을 중요시하였다. 이런 식의 분석은 아이들에게는 결여된 언어 의사소통 능력을 전제로 한다. 그래서 어머니는 아이들에게 적당한 방법을 찾기 시작했다. 그녀는 1954년 취리히에서 열린 학회에서 로웬펠드가 '세계 기법'에 대해 이야기하는 것을 들었다. 이 치료법의 중요한 측면은 아이들에게 말로 표현할 수 없는 것을 작은 장난감 피규어와 이에 맞는 모래상자에 나타낼 수 있는 기회를 주는 것이었다. 로웬펠드는 아주 의식적으로 놀이의 치료적 측면을 아이들이 장애를 극복하는 데 사용한 최초의 치료자 중 하나였다. 마음의 문제 치료에서 놀이의 중요한 의미는 당시 다른 치료자들에게는 과소평가되고 있었다.

나의 어머니는 이 방법의 큰 가치를 알아채고 1928년 런던에 세워진 로웬펠드 아동치료연구소에서 공부하기로 결심하였다. 마침내 1956년에 이 일이 가능해졌다. 1년간 그곳에서 공부하는 동안 융학파 아동분석가였던 포드햄M. Fordham 및 위니콧D. W. Winnicott과 교류하였다. 그녀는 영국에서 1년간, 그리고 나중에 스위스쮜리히에서 '세계 기법'을 적용해 일하면서 점차 아동들이 모래작업을 하면서 보여 주는 내적 심리과정이 융이 말한 개성화 과정에 부합한다는 것을 발견했다. 융 심리학에 기초한 그녀의 작업이 점점 독자적인 형태로 발전하자 로웬펠드와 합의하여 '모래놀이Sandspiel' 라고 따로 이름지어 구별하였다.

어머니는 처음에는 주로 아동 치료에 많은 효과를 보았고, 나중에는 성인에게도 적용하였다. 처음으로 성인과 작업하게 된 것은 우연한 일이었다. 아동 발달에 놀란 부모들이나 동료 치료자들이 관심을 보이면서 스스로 체험해 보려고 했던 것이다.

여기서도 자신의 그림을 만드는 작업이 감정의 영역이나 삶의 태도에 끼친 영향은 아주 놀라웠다. 성인에게도 비언어적으로 자신을 표현할 수 있는 기회를 주고, 무의식으로의 직접적인 통로를 발견하고 시급한 문제를 긍정적으로 변화시키는 데 상당한 도움을 준다는 것이 곧 드러났다. 그녀의 이전 내담자들이 모래놀이로 이루어진 체

험에 대해서 얼마나 깊이 감사하고 있는지, 나중에 삶이 어떻게 긍정적으로 변화되고, 심지어 구원을 받게 되었는지 확신에 차 말해 주는 것이 끊이지 않고 있다.

어머니의 작업의 발전에 영향을 끼친 또 다른 요소는 동양사상과의 만남이다. 그것은 새로운 자극을 주었고, 문화적 차이를 넘어서서 경험의 인류 보편적인 원형적 기반을 모래놀이가 다룰 수 있다는 것을 깨우쳐 주었다. 에라노스학회1953/1954년에서 일본의 선사禪師인 스즈키Daisetz Suzuki를 알게 되었다. 그는 동양의 선을 서양인들에게 이해시키는 데 글로써 많은 기여를 하였다. 어머니는 일본으로 그를 찾아갔고, 나중에 여자로서 처음으로 비구 선禪 사찰에 얼마간 머물 기회를 갖기도 하였다. 그녀가 스즈키에게 받은 가장 인상 깊었던 점은, 그가 아주 간단한 표현으로 일상이 바로 가장 깊은 진리가 빛날 수 있는 곳이라는 것을 보여 주는 능력이었다.

그녀는 선禪 명상을 공식적으로 배울 수 없었던 것이 유감스러웠지만, 선사들과 대화할 때마다 자신의 모래놀이 방법이 선의 정신과 많은 연관이 있다는 것을 발견한 것으로 만족하였다. 모래놀이는 기술의 외적이고 형식적인 면을 별로 중요시하지 않는다. 그보다는 치료에서 내담자 스스로 치료하는 힘을 일깨우고 지지하는 공간을 만들려는 그녀의 관심사와 관련이 있다. 모래놀이는 내담자가 자기 스스로를 돌아보게 하는 것을 포함한다. 이것은 선禪에서도 매우 중요하다. 선에서는 결국에 깨달음은 스승이나 책과 같은 외적인 권위에 있는 것이 아니라, 자기 안의 체험으로만 얻을 수 있다는 것을 강조한다.

중국이 티베트를 점령한 후 티베트인들은 조국을 떠나야 했다. 스위스는 1,000명가량의 피난민을 받아들였다. 난민들은 스위스 가정에도 수용되었다. 이때 어머니도 피난민을 수용할 수 있는지 문의를 받았다. 그녀는 한 티베트 승려를 아무 주저 없이 받아들여 8년간 함께 지냈다. 그를 통해서 티베트의 여러 스승, 달라이 라마의 스승인 트리창 린포체Trichang Rinpoche 및 달라이 라마와 밀접한 교류를 하게 되었다. 이로써 티베트 불교의 모든 생명체에 깊은 연민과 공감을 느끼는, 풍성한 상징세계에 눈을 뜨게 된다. 이것은 그녀가 내담자들의 심리 과정을 이해하고 치료자로서의 자세를 심화하는 데 도움을 주었다.

모래놀이는 곧 세계적으로 유명해졌다. 어머니의 뛰어난 언어능력으로 다른 나라의 동료들과도 쉽게 접촉하였다. 시간이 흐르면서 이탈리아, 독일, 미국, 일본 등지에서 관심 있는 개인이나 기관, 융 연구소들, 병원과 대학에서 초청이 이어졌다. 그렇게 해서 서서히 이 방법을 열심히 배우고 실시하기 시작하는 집단이 형성되었다. 그중 대부분은 융학파 분석가, 심리학자들이었다. 모래놀이는 특히 미국과 일본에서 큰 반향을 얻었다. 일본의 모래치료학회는 이 방법을 적용하는 1,000명이 넘는 치료사들이 소속되어 있다. 모래놀이에서 비언어적으로 소통하는 것을 중요시하는 것이 일본의 정신에 크게 부합한 듯하다. 그곳에서는 '하코니와Hakoniwa 작은 정원 치료'라고 불리는데, 이 명칭은 아주 작은 모형 정원을 만들어 내는 일본의 전통과 맞닿아 있다.

모래놀이가 여러 나라에 정착된 후, 몇 년이 지나 그녀는 자신과 가까운 여러 나라의 모래놀이 대표를 매년 졸리콘으로 초청하여 교류하고 연구하였다. 이 모임이 1985년 시작된 국제모래놀이치료학회ISST의 전신이 되었다. 미국에서는 Kay Bradway, Cecil Burney, Chonita Larsen과 Estelle Weinrib, 이탈리아에서는 Paula Carducci, Andreina

Navone, 영국에서는 Joel Ryce Menuhin, 일본에서는 K. Higuchi, H. Kawai와 Y. Yamanaka 교수, 스위스에서는 Dr. med. K. Kiepenheuer와 내가 참가하였다. 1986년에는 분석적 아동치료사인 Sigrid Löwen Seifert가 창립 집단에 참가하였다.

학회를 설립하면서 ISST의 학칙과 수련 원칙이 작성되었다. ISST는 국제적으로나 국내에서 모래놀이 치료의 지식과 체험의 교류를 가능하게 하고 수련시킨다. ISST는 모래놀이 과정의 표현 기록집을 가지고 있다. 설립 시기 이래 규칙적으로 모래놀이 치료에 관한 국내와 국제학회가 열리고 있다. 그사이 세 개의 학술지가 발행되었다. 일본에는 *Archives of Sandplay Therapy*, 미국에는 *Journal of Sandplay Therapy*, 독일에는 *Zeitschrift für Sandspieltherapie*가 있다. 그리고 문헌도 점차 늘어나고 있다(Mitchell/Friedman의 *Sandplay-Past, Present and Future*,[1] 1994. 이 책에는 모래놀이와 이와 관련된 주제들에 관한 상세한 참고문헌이 들어 있다).

모래놀이[Sandspiel]라는 단어 안에 놀이[Spiel]라는 말이 있듯이, '놀이' '놀이할 수 있다' '놀아도 된다' 는 것이 이 방법에서 중요한 역할을 한다. 내담자가 완전히 놀이에 몰두할 때 치유 과정이 시작된다는 것이 모래놀이 방법을 택했을 때 관찰된다. 미리 의도하지 않는 것이

1 1997년 Ernst Reinhardt Verlag, München/Basel에서 독일어본 출간

바로 놀이의 성질이며, 이 놀이의 무의도성이 긴장과 불안과 경직된 사고방식을 사라지게 한다. 생성되는 그림과 관련하여 감정을 자유롭게 하고 변환시키는 창조적인 과정이 시작될 수 있다. 놀이하는 동안 밖의 세계에서 갑갑하고 억누르는 듯했던 것이 움직이면서 새로운 지평과 희망이 열릴 수 있다. 놀이에서는 의식적 태도와 그 통제가 약화되고, 하나씩 무의식 속에 숨겨진 것이 표면에 떠오르게 됨으로써 의식과 무의식 사이에 다리가 만들어질 수 있다. 중요한 것은 이 과정에서 단지 무의식을 만나는 것뿐 아니라 모래로 형태를 만들고, 피규어를 선택하며, 장면을 형성하면서 의식적인 의지와 목적지향성이 적용된다는 것이다. 그래서 놀이는 이른바 초월적 기능Transzendente Funktion이 나타나게 하는데, 융에 의하면 이 기능은 새로운 태도로 전환하는 작용을 한다. 초월적 기능은 의식과 무의식을 연결시킴으로써 이 전환을 야기시킨다. 따라서 모래놀이는 불명확하지만 장애, 제어되지 않은 폭발, 의기소침함으로써 자신을 보다 분명하게 드러내는 내면의 존재에게 스스로에 대해 말할 수 있도록 목소리를 부여하고, 모래놀이를 하는 사람 안에 예기치 않았던 힘과 용기를 발견하게 한다. 두려운 마음에 외부 규칙에 지나치게 적응했다거나 긍정적인 자기 신뢰의 발달이 마음의 상처 때문에 파괴되었다거나, 혹은 많은 다른 이유 때문에 이 목소리는 내담자가 이제까지는 잘 듣지 못했던 소리다. 장애를 일으키고, 적응되지 않은, 주로 '원시적인'

국제모래놀이치료학회 창단모임. Zollikon, 1985.

위: 왼쪽에서 오른쪽으로
카주미코 히쿠치 교수, 카스파 키펜호이어 박사, 마르틴 칼프 박사, 쵸니타 라르센 박사, 에스텔 바인립, 케이 브래드웨이 박사, 죠엘 라이스 메누인, 하야오 카와이 교수

아래: 왼쪽에서 오른쪽으로
야스히로 야마나카 교수, 안드레이나 나본네 박사, 도라 마리아 칼프, 시슬 버니 박사, 파울라 카르두치 박사

면이 스스로를 표현할 수 있고, 인지할 수 있게 됨으로써 스스로 변화할 수도 있다. 모래놀이 과정 시작 시기에 빠졌던 혼란 상태에서 서서히 내적인 질서가 생긴다. 처음에는 공허함과 고독을 표현했던 그림에 흔히 아주 오랜 시간 후에야 새로운 생명이 자라기 시작한다. 조심스럽게 겉모습 뒤에 숨어 있던 나락과 절망이 명확히 표현될 수 있고, 말문이 막힌 상태와 침묵 가운데 자란 파괴성이 힘을 잃을 수 있다.

이런 여러 가지 면들이 일상 언어와 '정상적' 의식에서 너무 멀어져, 직접적인 언어로는 전혀 표현할 수 없게 되었다. 경험한 것을 아마도 곧 명확하게 말로 표현하기에는 너무 혼란스러웠을 것이다. 예를 들어, 여러 다른 편의 격렬한 전투 장면이나 분노하면서 모래를 파뒤집는 행동은 이들 경험의 아주 정확한 표현이며, 치료자들에게 많은 말을 한 것보다 자주 직접적으로 이해할 수 있도록 알려 주는 것이다. 모래놀이 방법은 언어의 한계를 진지하게 받아들이고, 다른 표현의 차원을 제공해 준다. 로웬펠드가 치료 상황에서 언어의 한계를 주목한 것은 큰 업적이다. 이것은 아이들과의 작업에서였지만 어른에게도 적용된다. 말을 잘하는 바로 그 성인들이 말로 실제의 감정을 물리쳐 버릴 위험에 놓인 것이다. 강렬한 감정이 개입된 상황에서는 말로 하는 표현에 한계가 있다. 이러한 상황은 우리 모두 경험한 바 있다. 이때는 침묵하거나 포옹하거나 다른 비언어적인 표현형식

을 취하는 것이 말하는 것보다 더 중요하다. 그림이 큰 영향을 준다는 것은 광고와 텔레비전에서도 계속 그림을 보게 되는 우리 사회 속에서 더 이상 강조할 필요가 없다. 생각해 봐야 할 것은, 우리가 이런 식으로 수동적으로 그림을 보기만 하고 능동적으로 그림을 만드는 기회는 거의 없다는 것이다.

마거릿 로웬펠드는 오늘날보다 그림을 접하는 기회가 훨씬 적은 시대였는데도 자기 자신의 그림을 만드는 것의 커다란 의미를 지적하였다. 이론적 고찰에서 그녀는 말로는 표현할 수 없는 심리 속의 중요한 부분을 보여 주었다. 아이가 처음부터 가지고 있던 것이기 때문에, 그녀는 이것을 '프로토시스템Protosystem 원原체계' 라고 불렀다. 이것은 서서히 발달하는 2차적인 정신 과정과 구분된다. 로웬펠드에 의해서도 비언어적 사고의 형태로 이해되었던 프로토시스템의 성격을 그녀는 "합리적이지 않고, 자기 자신의 법칙을 따르며, 지극히 개인적이고, 특이체질적이며, 본래 성질상 말로는 전달할 수 없다."라고 특징짓는다. 여기에 있는 에너지는 아이의 놀이 속에서 표현할 수 있다. 이것을 위해 충분한 공간이 마련되어야 하는 것이 로웬펠드에게는 건강한 발달을 위해 결정적이었다. 이 가능성이 방해되면, 이 에너지가 일차적 시스템에 갇혀 있게 되고, 아이는 이 때문에 삶의 여러 가지 측면에 사용할 에너지가 사라진다. 결과적으로 아이는 둔감하거나 과잉 적응된다. 그녀가 마련한 '세계 기법'은 언어 이전의 부분을 가시화시키고, 그 안에 포함된 에너지를 자유롭게 만든다. 그녀는 아동이 치료자의 해석이나 역전이에 가능한 한 영향을 덜 받으면서 자신을 표현할 수 있게 하는 수단을 모색하다가 이 방법을 발견하였다.

이러한 식으로 아동을 치료자의 조정으로부터 보호하려는 의도는 그녀가 아동의 자율성을 크게 존중한다는 것을 감동적으로 보여 준다. 초기 유아적인 기분을 치료자에게 전이하는 힘과 감정적 역전이 반응을 배제하려고 노력했던 것 때문에, 그녀는 여러 가지로 비난을 받았다. 그녀가 이 목적을 달성하기 위해 했던 일 중의 하나는 아동이 그때그때 여러 치료자와 작업하도록 한 것이다. 그녀는 전이가 치료자에게가 아니라 모래상자에 향하여야 한다고 강조하기도 하였다. 이때 그녀는 모래상자가 받아들일 수 있는 감정적 가치를 분명히 제대로 보았다. 최근에 이에 대해, 모래상자의 내용에 대한 전이, 모래상자 자체에 대한 전이, 모래상자를 통해 전달되는 전이 상황Montecchi 몬테키이라는 세 가지 형태의 전이를 구분하는 보다 분화된 관찰이 이루어졌다. 모래상자는 에스텔레 바인립Estelle Weinrib이 모래놀이에 관한 책에서 기술했듯이, 위니콧의 '전이 대상/중간 대상Übergangsobjekt' 으로서 기능할 수 있는 것이 분명하다.

그러나 나의 어머니가 작업한 방식으로는 로웬펠드에 비교해 볼 때 치료자와 내담자 관계의 의미가 새롭고 중요한 비중을 차지한다. 그녀는 내담자에게 '자유롭고 보호된 공간' 을 만들어 주는 것을 치료자의 주요 과제로 보았다. 그렇게 암시된 관계 속에서 내담자는 자기 자신의 있는 그대로So-Sein가 받아들여지고, 이해된다는 느낌을 가질 수 있어야 한다. 하지만 동시에 놀이에서 그리고 자신과의 열린 만남에서 새로운 것을 시도해 볼 수 있는 자유를 느껴야 한다. 자유롭고 보호된 공간이란 긍정적인 전이 상황의 묘사로도 이해할 수 있다. 나의 어머니는 이 관계의 질을 내담자가 자신의 가장 깊은 곳에서 진행되는 과정을 겪는 동안 융이 말하는 자기를 만날 수 있는 것이 하나의 중요한 조건으로 보았다. 이러한 경험이 가능하기 위해서는 치료자도 자신에 관한 작업을 계속함으로써 자신의 전체성과의 생동하는 관계를 가꿀 수 있는 것이 절대적으로 필요하다.

1996년 1월

마르틴 칼프

마르틴 칼프의 후기 참고문헌

Archives of Sandplay Therapy. Edited and published by: The Japan Association of Sandplay Therapy (c/o Kyoto University, Yoshida-hommachi, Sakyo-ku, 606-01, Kyoto, Japan)

Journal of Sandplay Therapy. 331 Thistle Circle, Martinez, CA 94533, USA.

Lowenfeld, Margaret: *Understanding Children's Sandplay. Lowenfeld's World Technique.* Margaret Lowenfeld Trust, 1993. (First published by George Allen and Unwin, 1979.)

Mitchell, Rie Rogers/Friedman, Harriet S.: *Sandplay-Past, Present and Future.* Routledge, 1994.

Montecchi, Francesco: *Giocando con la Sabbia. La Psicoterapia con bambini e adolescenti e la "Sand Play Therapy."* Franco Angelli, 1993.

Weinrib, Estelle L. *Images of the Self: The Sandplay Therapy Process.* Sigo Press, 1983.

Zeitschrift für Sandspieltherapie. Verlag Sandspieltherapie, Landauerstr, 16, D-14197 Berlin, Deutschland.

참고문헌

Bachofen, J. J. *Mutterrecht und Urreligion*, Kröner, Leipzig, 1926.

Cirlot, J. E. *A Dictionary of Symbols,* Routledge & Kegan Paul, London, 1961.

Fordham, M. *Vom Seelenleben des Kindes*, Reinhart, München, 1974.

Fung Yu-Lan. *History of Chinese Philosophy*, Princeton University Press, 1952.

Handwörterbuch des deutschen Aberglaubens, de Gruyter, Berlin, 20 Bde.

Herrigel, E. *Zen, in der Kunst des Bogenschießens,* Otto Wilhelm Barth, München, 1956.

Huizinga, J. *Homo Ludens*, Rowohlts Enzyklopädie, Bd. 21.

Humperdink, E. *Sang und Klang fürs Kinderherz*, Neufeld und Henius, Berlin, 1911.

I Ging. Das Buch der Wandlungen, übertragen und erläutert von R. Wilhelm, Eugen Diederichs. Düsseldorf/Küln, 1923.

Jung, C. G./Kerényi, K. *Das göttliche Kind*, Albae Vigiliae Heft VI/VII, Pantheon, Akademische Verlagsanstalt, Amsterdam-Leipzig, 1941.

Jung, C. G. *Psychologie und Alchemie*, Walter, Gesammelte Werke Bd. 12, 1972.

Psychologie und Erziehung, Walter, Studienausgabe, 1976.

Zur Psychologie westlicher und östlicher Religion, Walter, Gesammelte Werke Bd. 11, 1963.

Sychologische Typen, Walter, Gesammelte Werke Bd. 6, 1976.

Symbole der Wandlung, Walter, Gesammelte Werke Bd. 5, 1973.

Laotse, *Tao-te-king. Das Buch vom Sinn und Leben*, übertragen und erläutert von R. Wilhelm, Eugen Diederichs, Düsseldorf/Köln, 1957.

Lowenfeld, M. *The non-verbal thinking of children und its place in Psychology*, published by the Institute of child Psychology, London, 1964.

Mackenzie, F. *Chinese Art*, Spring Books, London, 1961.

Neumann, E. *Das Kind*, Rhein-Verlag, Zürich, 1956.

Nigg, W. *Große Heilige*, Der Heilige im Protestantismus: Gerhard Tersteegen, Artemis, Zürich, 1946.

Otto, W. F. *Menschengestalt und Tanz*, Hermann Rinn, München, 1956.

Pestalozzi, J. H. *Wie Gertrud ihre Kinder lehrt*, Rotapfel, Gedenkausgabe: Schriften 1798-1804, 1946.

Ross, N. W. *The World of Zen*, Random-House Inc., New York, 1960.

Chinesische Märchen, übersetzt von R. Wilhelm, Eugen Diederichs, Jena, 1927.

찾 아 보 기

인 명

내 용

저자 소개

Dora M. Kalff (1904~1990)

스위스 취리히 호숫가 리히터스 빌에서 탄생
스위스 취리히 융연구소 분석가과정 수료(1949~1955), 융학파 분석가
일본의 선사 스즈키와 교류, 일본으로 스즈키 방문(1953~1954)
영국 런던 로웬펠드 아동치료연구소 수학(1956)
융학파 아동분석가인 포드엄, 위니콧과 교류
스위스로 돌아와 로웬펠드의 '세계 기법'을 적용하며 치료 작업을 하다가
융심리학과 동양철학을 접목한 〈모래놀이 치료〉 창시
달라이 라마와 달라이 라마의 스승인 트리창 린포체와 밀접한 교류
이탈리아, 독일, 미국, 일본에서 〈모래놀이〉 초청 강의
여러 나라 모래놀이 대표들과 함께 매년 연구모임을 가지다가
국제모래놀이치료학회(ISST) 창립(1985)

역자 소개

이보섭

이화여자대학교 영문(철학)과 수료(1984)
독일 뮌헨대학교 철학과(심리학, 논리지식학) 수료(1986~1993), 철학 석사
스위스 취리히대학교 심리학과 수학(1993~1994)
스위스 융심리학에 기초한 사이코드라마 연구소 지도자과정 수료(1993~1998)
스위스 취리히 융연구소 분석가과정 수료(1993~2001)
국제공인 융학파 정신분석가, 국제분석심리학회 및 한국분석심리학회 정회원
한국융연구원과 스위스 융연구소 교육분석가 및 슈퍼바이저(2001~현재)
융 기본저작 번역위원. 이보섭융연구소 소장
한국분석심리치료협회 회장
한국, 스위스, 독일에서 꿈 분석 및 적극적 명상/상상, 사이코드라마, 모래놀이 불교명상을 적용한 치료, 교육, 강의활동

〈주요 역서〉

융기본저작집 제9권 - 인간과 문화(공역, 솔출판사, 2004)
몸으로 읽는 성서 - 버블리오드라마(감수, 라피스, 2010)
융학파 사이코드라마 - 놀이 속에서 자기를 만나다(라피스, 2018)

도라 칼프의 모래놀이
-융심리학적 치유법-
Sandspiel-Seine therapeutische Wirkung auf die Psyche

2012년 1월 10일 1판 1쇄 발행
2024년 6월 20일 1판 4쇄 발행

지은이 • Dora M. Kalff
옮긴이 • 이 보 섭
펴낸이 • 김 진 환
펴낸곳 • (주) 학지사
04031 서울특별시 마포구 양화로 15길 20 마인드월드빌딩 5층
대표전화 • 02) 330-5114 팩스 • 02) 324-2345
등록번호 • 제313-2006-000265호

홈페이지 • http://www.hakjisa.co.kr
인스타그램 • https://www.instagram.com/hakjisabook

ISBN 978-89-6330-672-8 93180

정가 15,000원